Kager til enhver Anledning

Hemmeligheden bag uimodståelige kager

Emma Hansen

Indholdsfortegnelse

appelsin og marsala kage 11

Fersken- og pæretærte 13

fugtig ananaskage 14

Ananas kirsebær kage 15

Jule ananas kage 16

ananas på hovedet 17

Ananas og valnødde kage 18

hindbærkage 19

rabarbertærte 20

rabarber og honningkage 21

rødbedekage 22

Gulerods banankage 23

Gulerod og æblekage 24

Gulerod og kanel kage 25

Gulerods- og zucchinikage 26

gulerod og ingefær kage 27

Gulerods- og valnøddekage 28

Gulerods-, appelsin- og valnøddekage 29

Gulerod, ananas og kokos kage 30

Gulerods- og pistaciekage 31

Gulerods- og valnøddekage 32

Krydret gulerodskage 33

Gulerod og brun farin kage 35

Zucchini og marvtærte 36

Zucchini og appelsinkage 37

Krydret Zucchinitærte 38

Græskar kage 40

Græskartærte med frugt 41

Græskar krydderi rulle 42

rabarber og honningkage 44

Sød kartoffeltærte 45

Italiensk mandelkage 47

Mandelkage og kaffe 48

Mandel- og honningkage 49

Citron og mandel kage 50

Mandelkage med appelsin 51

rig mandelkage 52

Svensk makaroni kage 53

kokosbrød 54

kokos tærte 55

gylden kokoskage 56

Kokos toppet kage 56

kokos- og citronkage 58

Nytårs kokoskage 59

Kokos og sultana kage 60

knasende valnøddekage 61

Blandet nøddekage 62

græsk valnøddekage 63

valnødde-islagkage 65

Valnøddekage med chokoladecreme 66

Valnøddekage med honning og kanel 66

Mandel- og honningbarer 68

Æble- og solbærsmuldrestænger 70

Abrikos og havre barer 71

Abrikossprød 72

Bananbarer med nødder 73

Amerikanske Brownies 74

Chokolade Fudge Brownies 75

Chokolade og valnødde brownies 76

Smørstænger 77

kirsebær- og karamelbakke 78

chokolade chip bakke 79

kanel crumble lag 80

klistrede kanelstænger 81

kokosbarer 82

Sandwichbarer med kokos og marmelade 83

Dadel- og æblebageplade 84

dadelskiver 85

Bedstemor Datingbarer 86

Daddel- og havrestænger 87

Daddel- og valnøddestænger 88

figenstænger 89

flapjacks 90

cherry flapjacks 91

chokolade flapjack 92

frugt flapjacks 93

Frugt- og nøddeflapjacks 94

Honningkager Flapjacks 95

Valnød Flapjacks ... 96
Skarpe citronsmørkager ... 97
Kokosmokka firkanter ... 98
Hej Dolly Cookies ... 100
Kokosbarer med nødder og chokolade ... 101
valnøddefirkanter ... 102
Valnøddeappelsin skiver ... 103
Kiks ... 104
jordnøddesmørstænger ... 105
picnic skiver ... 106
Ananas og kokos barer ... 107
blommegærkage ... 108
amerikanske græskarbarer ... 110
Kvæde og mandelstænger ... 111
rosin barer ... 113
Banan brune sukkerstænger ... 114
Solsikke- og valnøddestænger ... 115
slik firkanter ... 116
slikbakke ... 117
Abrikos cheesecake ... 118
avocado cheesecake ... 120
Banan cheesecake ... 121
Let caribisk ostekage ... 122
Black Cherry Cheesecake ... 123
Kokos og abrikos cheesecake ... 124
blåbær cheesecake ... 124
ingefær cheesecake ... 126

Ingefær og citron cheesecake 127

Cheesecake med hasselnød og honning 128

Ribs og ingefær cheesecake 129

Let citron cheesecake 131

Citron og mysli cheesecake 133

mandarin cheese cake 134

Citron og valnødde cheesecake 135

lime cheesecake 137

San Clemente Cheesecake 138

Pashka 138

Let ananas cheesecake 140

ananas cheesecake 141

rosin cheesecake 143

hindbær cheesecake 144

Siciliansk cheesecake 145

Yoghurt glaseret cheesecake 146

Jordbær cheesecake 148

Sultana og Brandy Cheesecake 149

Bagt Cheesecake 150

Bagte cheesecake barer 151

amerikansk cheesecake 152

Hollandsk bagt æbleostkage 153

Bagt abrikos og hasselnødde cheesecake 155

Bagt abrikos og appelsin cheesecake 156

Bagt abrikos og ricotta cheesecake 158

boston cheesecake 159

Bagt caribisk ostekage 160

Bagt chokolade cheesecake 162

Chokolade og valnødde cheesecake 163

tysk cheesecake 164

Irsk flødelikør cheesecake 166

Amerikansk citron- og valnøddecheesecake 168

orange cheesecake 169

Ricotta cheese kage 170

Lagdelt bagt ost og cremefraiche cheesecake 172

Let bagt cheesecake med sultanas 174

Let bagt vanilje cheesecake 175

Bagt hvid chokolade cheesecake 176

Hvid chokolade og hasselnødde cheesecake 177

Hvid chokolade wafer cheesecake 178

Brudt masse 179

mørdej med olie 180

rig mørdej 181

amerikansk smørdej 182

ostebrød 183

choux wienerbrød 184

Butterdej 185

Butterdej 187

rå butterdej 188

pate sucrée 189

Fløde Choux boller 190

Mandarinpuster med ost 191

chokolade eclair 192

profitroler 193

Mandel- og ferskenmørdej 195

Æble vindmøller 196

fløde horn 197

feuilleté 198

Ricotta fyldte tærter 199

pekannødder 200

danske kager 201

Dansk Fødselsdagskringle 202

Dansk wienerbrødssnegle 204

Dansk wienerbrødsfletninger 205

Dansk wienerbrød Vindmøller 206

mandelkager 207

Grundlæggende svampekageetui 208

Mandler kage 209

Æble- og appelsinkage fra det 18. århundrede 210

tysk æbletærte 211

æbletærte med honning 213

Æbletærte og hakket kød 215

appelsin og marsala kage

Laver en 23 cm / 9 tommer kage

175 g / 6 oz / 1 kop sultanas (gyldne rosiner)

120 ml / 4 fl oz / ½ kop Marsala

175 g / 6 oz / ¾ kop smør eller margarine, blødgjort

100 g / 4 oz / ½ kop blødt brun farin

225 g / 8 oz / 1 kop pulveriseret sukker (superfint)

3 æg, let pisket

Finrevet skal af 1 appelsin

5 ml / 1 tsk appelsinblomst vand

275 g / 10 oz / 2½ kopper almindeligt mel (alle formål)

10 ml / 2 teskefulde bagepulver (bagepulver)

en knivspids salt

375 ml / 13 fl oz / 1½ kopper kærnemælk

Orange likør glasur

Udblød sultanerne i Marsala natten over.

Fløde smør eller margarine og sukker til det er lyst og luftigt. Pisk æggene lidt efter lidt, og bland derefter appelsinskal og appelsinblomstvand i. Tilsæt mel, natron og salt skiftevis med kærnemælken. Tilsæt de udblødte sultanas og Marsala. Hæld i to smurte og forede 23 cm / 9 kageforme og bag dem i en forvarmet ovn ved 180 °C / 350 °F / gasmærke 4 i 35 minutter, indtil de er fjedrende at røre ved og begynder at krympe ved at røre ved siderne. af dåserne Lad afkøle i formene i 10 minutter, før de overføres til en rist for at afslutte afkølingen.

Smør kagerne sammen med halvdelen af appelsinlikørglasuren, og fordel derefter resten af glasuren ovenpå.

Fersken- og pæretærte

Laver en 23 cm / 9 tommer kage

175 g / 6 oz / ¾ kop smør eller margarine, blødgjort

150 g / 5 oz / 2/3 kop pulveriseret (superfint) sukker

2 æg, let pisket

75 g / 3 oz / ¾ kop fuldkornshvedemel (fuld hvede)

75 g / 3 oz / ¾ kop almindeligt mel (alle formål)

10 ml / 2 teskefulde bagepulver

15 ml / 1 spsk mælk

2 ferskner, udstenede (udstenede), uden skind og hakkede

2 pærer, skrællede, udkernede og hakkede

30 ml / 2 spsk flormelis (konditorer), sigtet

Fløde smør eller margarine og sukker til det er lyst og luftigt. Pisk æggene lidt efter lidt, tilsæt derefter mel og bagepulver, og tilsæt mælken for at give blandingen en flydende konsistens. Tilsæt ferskerne og pærerne. Hæld blandingen i en smurt og foret 23 cm/9" kageform og bag i en forvarmet ovn ved 190°C/375°F/gasmærke 5 i 1 time, indtil den er godt hævet og fjedrende at røre ved. . Lad den køle af i formen i 10 minutter, før den overføres til en rist for at afslutte afkølingen. Drys med flormelis inden servering.

fugtig ananaskage

Laver en 20 cm / 8 tommer kage

100 g / 4 oz / ½ kop smør eller margarine

350 g / 12 oz / 2 kopper blandet tørret frugt (frugtkageblanding)

225 g / 8 oz / 1 kop blødt brun farin

5 ml / 1 tsk blandede malede krydderier (æblekage)

5 ml / 1 tsk natron (bagepulver)

425 g / 15 oz / 1 stor dåse usødet knust ananas, drænet

225 g / 8 oz / 2 kopper selvhævende mel (gær)

2 sammenpisket æg

Kom alle ingredienser undtagen mel og æg i en stegepande og varm forsigtigt op til kog under godt omrøring. Kog konstant i 3 minutter, og lad derefter blandingen køle helt af. Tilsæt melet og tilsæt derefter gradvist æggene. Vend blandingen i en smurt og foret 20 cm/8" kageform og bag i en forvarmet ovn ved 180°C/350°F/gasmærke 4 i 1½ – 1¾ time, indtil den er gennemhævet og fast at røre ved. Lad afkøle i dåsen.

Ananas kirsebær kage

Laver en 20 cm / 8 tommer kage

100 g / 4 oz / ½ kop smør eller margarine, blødgjort

100 g / 4 oz / 1 kop pulveriseret sukker (superfint)

2 sammenpisket æg

225 g / 8 oz / 2 kopper selvhævende mel (gær)

2,5 ml / ½ tsk bagepulver

2,5 ml / ½ tsk stødt kanel

175 g / 6 oz / 1 kop sultanas (gyldne rosiner)

25 g / 1 oz / 2 spsk glaserede kirsebær (kandiserede)

400 g / 14 oz / 1 stor dåse ananas, drænet og hakket

30 ml / 2 spsk brandy eller rom

Pulveriseret (konditor) sukker, sigtet, til afstøvning

Fløde smør eller margarine og sukker til det er lyst og luftigt. Pisk æggene gradvist, og tilsæt derefter mel, bagepulver og kanel. Tilsæt forsigtigt de resterende ingredienser. Hæld blandingen i en smurt og foret 20 cm / 8" gryde og bag i en forvarmet ovn ved 160 °C / 325 °F / gasmærke 3 i 1½ time, indtil et spyd, der er sat ind i grydens midte, kommer rent ud. Lad afkøle og server drysset med flormelis.

Jule ananas kage

Laver en 23 cm / 9 tommer kage

50 g / 2 oz / ¼ kop smør eller margarine

100 g / 4 oz / ½ kop pulveriseret sukker (superfint)

1 æg, let pisket

150 g / 5 oz / 1¼ kopper selvhævende mel (gær)

en knivspids salt

120 ml / 4 fl oz / ½ kop mælk

Til dressingen:

4 oz / 100 g ananas frisk eller dåse, groft revet

1 spise (dessert) æble, skrællet, udkernet og groft revet

120 ml / 4 fl oz / ½ kop appelsinjuice

15 ml / 1 spsk citronsaft

100 g / 4 oz / ½ kop pulveriseret sukker (superfint)

5 ml / 1 tsk stødt kanel

Smelt smør eller margarine, og tilsæt derefter sukker og æg, indtil det er skummende. Tilsæt mel og salt skiftevis med mælken til en dej. Hæld i en smurt og foret 23 cm/9" kageform og bag i en forvarmet ovn ved 180°C/350°F/gasmærke 4 i 25 minutter, indtil den er gylden og fjedrende.

Bring alle ingredienserne til toppingen i kog, og lad dem simre i 10 minutter. Hæld den varme kiks over og grill (bril), indtil ananassen begynder at blive brun. Lad afkøle inden servering lun eller kold.

ananas på hovedet

Laver en 20 cm / 8 tommer kage

175 g / 6 oz / ¾ kop smør eller margarine, blødgjort

175 g / 6 oz / ¾ kop blødt brun farin

400 g / 14 oz / 1 stor dåse ananasskiver, drænet og juice reserveret

4 glaserede (kandiserede) kirsebær, skåret i halve

2 æg

100 g / 4 oz / 1 kop selvhævende mel

Pisk 75 g / 3 oz / 1/3 kop smør eller margarine med 75 g / 3 oz / 1/3 kop sukker, indtil det er lyst og luftigt og fordel på bunden af en smurt 20 cm / 8" tærteplade i (pande). Anret ananasskiverne ovenpå og drys med kirsebærene med den runde side nedad. Rør resten af smør eller margarine og sukker, og pisk derefter æggene gradvist i. Tilsæt mel og 30 ml / 2 spsk af den reserverede ananasjuice. Hæld ananasen over og bag i en forvarmet ovn ved 180°C/350°F/gasmærke 4 i 45 minutter, indtil den er fast at røre ved. Lad afkøle i formen i 5 minutter, tag derefter forsigtigt ud af formen og vend på en rist.

Ananas og valnødde kage

Laver en 23 cm / 9 tommer kage

225 g / 8 oz / 1 kop smør eller margarine, blødgjort

225 g / 8 oz / 1 kop pulveriseret sukker (superfint)

5 æg

350 g / 12 oz / 3 kopper almindeligt mel (alle formål)

100 g / 4 oz / 1 kop valnødder, groft hakket

100 g / 4 oz / 2/3 kop glaseret (kandiseret) ananas, hakket

En smule mælk

Fløde smør eller margarine og sukker til det er lyst og luftigt. Pisk æggene gradvist, tilsæt derefter mel, valnødder og ananas, og tilsæt lige nok mælk til at give en tynd konsistens. Placer i en smurt og foret 23 cm / 9 i kageform (muffinform) og bag i en forvarmet ovn ved 150 °C / 300 °F / gasmærke 2 i 1½ time, indtil et spyd indsat i midten kommer rent ud.

hindbærkage

Laver en 20 cm / 8 tommer kage

100 g / 4 oz / ½ kop smør eller margarine, blødgjort

200 g / 7 oz / sparsom 1 kop pulveriseret (superfint) sukker

2 æg, let pisket

250 ml / 8 fl oz / 1 kop creme fraiche (mejeri sur)

5 ml / 1 tsk vaniljeessens (ekstrakt)

250 g / 9 oz / 2¼ kopper almindeligt mel (alle formål)

5 ml / 1 tsk bagepulver

5 ml / 1 tsk natron (bagepulver)

5 ml / 1 tsk kakaopulver (usødet chokolade)

2,5 ml / ½ tsk salt

4 oz / 100 g friske eller frosne hindbær, optøet

       Til dressingen:
30 ml / 2 spsk pulveriseret sukker (superfint)

5 ml / 1 tsk stødt kanel

Fløde smør eller margarine og sukker. Tilsæt gradvist æggene, derefter cremefraiche og vaniljeessens. Tilsæt mel, bagepulver, natron, kakao og salt. Tilsæt hindbærene. Hæld i en smurt 20 cm kageform. Bland sukker og kanel sammen og drys over toppen af kagen. Bag i en forvarmet ovn ved 200°C / 400°F / gasmærke 4 i 35 minutter, indtil de er gyldenbrune og et spyd i midten kommer rent ud. Drys med sukkeret blandet med kanel.

rabarbertærte

Laver en 20 cm / 8 tommer kage

225 g / 8 oz / 2 kopper fuldkornshvedemel (fuld hvede)

10 ml / 2 teskefulde bagepulver

10 ml / 2 tsk stødt kanel

45 ml / 3 spsk lys honning

175 g / 6 oz / 1 kop sultanas (gyldne rosiner)

2 æg

150 ml / ¼ pt / 2/3 kop mælk

8 oz / 225 g rabarber, hakket

30 ml / 2 spsk demerara sukker

Blend alle ingredienser undtagen rabarber og sukker. Tilsæt rabarberne og kom dem i en smurt og meldrysset 20 cm kageform. Drys med sukkeret. Bages i en forvarmet ovn ved 180°C/350°F/gasmærke 4 i 45 minutter, indtil de er faste. Lad den køle af i formen i 10 minutter, før den tages ud.

rabarber og honningkage

Laver to 450 g / 1 lb kager

250 g / 9 oz / 2/3 kop lys honning

120 ml / 4 fl oz / ½ kop olie

1 æg, let pisket

15 ml / 1 spsk natron (bagepulver)

150 ml / ¼ pt / 2/3 kop almindelig yoghurt

75 ml / 5 spiseskefulde vand

350 g / 12 oz / 3 kopper almindeligt mel (alle formål)

10 ml / 2 teskefulde salt

350 g / 12 oz rabarber, finthakket

5 ml / 1 tsk vaniljeessens (ekstrakt)

50 g / 2 oz / ½ kop hakkede blandede nødder

Til dressingen:

75 g / 3 oz / 1/3 kop blødt brun farin

5 ml / 1 tsk stødt kanel

15 ml / 1 spsk smør eller margarine, smeltet

Bland honning og olie, pisk derefter ægget. Bland bagepulver med yoghurt og vand, indtil det er opløst. Bland mel og salt og tilsæt honningblandingen skiftevis med yoghurten. Tilsæt rabarber, vaniljeessens og valnødder. Hæld i to smurte og forede 450g/1lb brødforme (muffinforme). Bland ingredienserne til topping og drys over kagerne. Bages i en forvarmet ovn ved 160°C/325°F/gasmærke 3 i 1 time, indtil den er fast at røre ved og gylden på toppen. Lad afkøle i formene i 10 minutter, og sæt dem derefter på en rist for at afslutte afkølingen.

rødbedekage

Laver en 20 cm / 8 tommer kage

250 g / 9 oz / 1¼ kopper almindeligt mel (alle formål)

15 ml / 1 spsk bagepulver

5 ml / 1 tsk stødt kanel

en knivspids salt

150 ml / 8 fl oz / 1 kop olie

300 g / 11 oz / 11/3 kopper pulveriseret (superfint) sukker

3 æg, adskilt

150 g / 5 oz rå rødbeder, skrællet og groft revet

150 g / 5 oz gulerødder, groft revet

100 g / 4 oz / 1 kop hakkede blandede nødder

Bland mel, bagepulver, kanel og salt. Pisk olie og sukker. Pisk æggeblommer, rødbeder, gulerødder og nødder. Pisk æggehviderne stive, og vend dem derefter i blandingen med en metalske. Hæld blandingen i en smurt og foret 20 cm/8" kageform og bag i en forvarmet ovn ved 180°C/350°F/gasmærke 4 i 1 time, indtil den er elastisk at røre ved.

Gulerods banankage

Laver en 20 cm / 8 tommer kage

175 g / 6 oz gulerødder, revet

2 bananer, mosede

75 g / 3 oz / ½ kop sultanas (gyldne rosiner)

50 g / 2 oz / ½ kop hakkede blandede nødder

175 g / 6 oz / 1½ kopper selvhævende mel

5 ml / 1 tsk bagepulver

5 ml / 1 tsk blandede malede krydderier (æblekage)

Saft og skal af 1 appelsin

2 sammenpisket æg

75 g / 3 oz / 1/2 kop lys brun farin

100 ml / 31/2 fl oz / sparsom 1/2 kop solsikkeolie

Bland alle ingredienser, indtil det er godt blandet. Placer i en smurt og foret 20 cm / 8 i tærteform (pande) og bag i en forvarmet ovn ved 180 °C / 350 °F / gasmærke 4 i 1 time, indtil et spyd indsat i midten kommer rent ud.

Gulerod og æblekage

Laver en 23 cm / 9 tommer kage

250 g / 9 oz / 2¼ kopper selvhævende mel (gær)

5 ml / 1 tsk natron (bagepulver)

5 ml / 1 tsk stødt kanel

175 g / 6 oz / ¾ kop blødt brun farin

Finrevet skal af 1 appelsin

3 æg

200 ml / 7 fl oz / sparsom 1 kop olie

150 g / 5 oz spise (dessert) æbler, skrællede, udkernede og revet

150 g / 5 oz revet gulerødder

100 g / 4 oz / 2/3 kop spiseklare tørrede abrikoser, hakkede

100 g / 4 oz / 1 kop pekannødder eller valnødder, hakket

Bland mel, bagepulver og kanel, og tilsæt derefter sukker og appelsinskal. Pisk æggene ud i olien, og tilsæt derefter æble, gulerødder og to tredjedele af abrikoserne og valnødderne. Fold melblandingen i og hæld i en smurt og foret 9-tommers kageform. Drys med de resterende hakkede abrikoser og valnødder. Bages i en forvarmet ovn ved 180°C/350°F/gasmærke 4 i 30 minutter, indtil den er elastisk at røre ved. Lad den køle lidt af i formen, og læg den derefter på en rist for at afslutte afkølingen.

Gulerod og kanel kage

Laver en 20 cm / 8 tommer kage

100 g / 4 oz / 1 kop fuldkornshvedemel (fuld hvede)

100 g / 4 oz / 1 kop almindeligt mel (alle formål)

15 ml / 1 spsk stødt kanel

5 ml / 1 tsk revet muskatnød

10 ml / 2 teskefulde bagepulver

100 g / 4 oz / ½ kop smør eller margarine

100 g / 4 oz / 1/3 kop lys honning

100 g / 4 oz / ½ kop blødt brun farin

225 g / 8 oz revet gulerødder

Bland mel, kanel, muskatnød og bagepulver i en skål. Smelt smør eller margarine med honning og sukker, og bland derefter med melet. Tilsæt gulerødderne og kom godt sammen. Placer i en smurt og foret 20 cm / 8 i kageform (pande) og bag i en forvarmet ovn ved 160 °C / 325 °F / gasmærke 3 i 1 time, indtil et spyd indsat i midten kommer rent ud. Lad afkøle i formen i 10 minutter, og læg derefter på en rist for at afslutte afkølingen.

Gulerods- og zucchinikage

Laver en 23 cm / 9 tommer kage

2 æg

175 g / 6 oz / ¾ kop blødt brun farin

100 g revet gulerødder

50 g / 2 oz courgetter (zucchini), revet

75 ml / 5 spiseskefulde olie

225 g / 8 oz / 2 kopper selvhævende mel (gær)

2,5 ml / ½ tsk bagepulver

5 ml / 1 tsk blandede malede krydderier (æblekage)

Flødeost frosting

Bland æg, sukker, gulerødder, zucchini og olie. Tilsæt mel, bagepulver og krydderiblanding og bland til en jævn masse. Placer i en smurt og foret 23 cm / 9 i kageform (pande) og bag i en forvarmet ovn ved 180 °C / 350 °F / gasmærke 4 i 30 minutter, indtil et spyd indsat i midten kommer rent ud. Lad afkøle og smør med flødeost frosting.

gulerod og ingefær kage

Laver en 20 cm / 8 tommer kage

175 g / 6 oz / 2/3 kop smør eller margarine

100 g / 4 oz / 1/3 kop gylden sirup (lys majs)

120 ml / 4 fl oz / ½ kop vand

100 g / 4 oz / ½ kop blødt brun farin

150 g / 5 oz gulerødder, groft revet

5 ml / 1 tsk natron (bagepulver)

200 g / 7 oz / 1¾ kopper almindeligt mel (alle formål)

100 g / 4 oz / 1 kop selvhævende mel

5 ml / 1 tsk malet ingefær

en knivspids salt

Til glasuren (frosting):

175 g / 6 oz / 1 kop flormelis (konditorsukker), sigtet

5 ml / 1 tsk smør eller margarine, blødgjort

30 ml / 2 spsk citronsaft

Smelt smør eller margarine med sirup, vand og sukker, og bring det derefter i kog. Fjern fra varmen og tilsæt gulerødder og bagepulver. Lad afkøle. Bland mel, ingefær og salt, kom i en smurt 20 cm / 8 kageform og bag i en forvarmet ovn ved 180 °C / 350 °F / gasmærke 4 i 45 minutter, indtil berøringen er godt hævet og elastisk. Sluk og lad afkøle.

Bland flormelis med smør eller margarine og nok citronsaft til at lave en smørbar frosting. Skær kagen i halve vandret, brug derefter halvdelen af frostingen til at smøre kagen med og fordel resten ovenpå.

Gulerods- og valnøddekage

Laver en 18 cm / 7 tommer kage

2 store æg, adskilt

150 g / 5 oz / 2/3 kop pulveriseret (superfint) sukker

225 g / 8 oz revet gulerødder

150 g / 5 oz / 1¼ kopper hakkede blandede nødder

10 ml / 2 tsk revet citronskal

50 g / 2 oz / ½ kop almindeligt mel (alle formål)

2,5 ml / ½ tsk bagepulver

Pisk æggeblommer og sukker tykt og cremet. Tilsæt gulerødder, valnødder og citronskal, og tilsæt derefter mel og bagepulver. Pisk æggehviderne, indtil der dannes bløde toppe, og vend dem derefter i blandingen. Vend i en smurt 19 cm / 7 tommer firkantet kageform. Bag i en forvarmet ovn ved 180°C/350°F/gasmærke 4 i 40-45 minutter, indtil et spyd indsat i midten kommer rent ud.

Gulerods-, appelsin- og valnøddekage

Laver en 20 cm / 8 tommer kage

100 g / 4 oz / ½ kop smør eller margarine, blødgjort

100 g / 4 oz / ½ kop blødt brun farin

5 ml / 1 tsk stødt kanel

5 ml / 1 tsk revet appelsinskal

2 æg, let pisket

15 ml / 1 spsk appelsinjuice

100 g / 4 oz gulerødder, fint revet

50 g / 2 oz / ½ kop hakkede blandede nødder

225 g / 8 oz / 2 kopper selvhævende mel (gær)

5 ml / 1 tsk bagepulver

Flød smør eller margarine, sukker, kanel og appelsinskal til det er let og luftigt. Tilsæt gradvist æg og appelsinjuice, og tilsæt derefter gulerødder, valnødder, mel og bagepulver. Hæld i en smurt og foret 20 cm/8" kageform og bag i en forvarmet ovn ved 180°C/350°F/gasmærke 4 i 45 minutter, indtil den er elastisk at røre ved.

Gulerod, ananas og kokos kage

Laver en 25 cm / 10 tommer kage

3 æg

350 g / 12 oz / 1½ kopper pulveriseret sukker (superfint)

300 ml / ½ pt / 1¼ kopper olie

5 ml / 1 tsk vaniljeessens (ekstrakt)

225 g / 8 oz / 2 kopper almindeligt mel (alle formål)

5 ml / 1 tsk natron (bagepulver)

10 ml / 2 tsk stødt kanel

5 ml / 1 tsk salt

225 g / 8 oz revet gulerødder

100g / 4oz dåse ananas, drænet og knust

100 g / 4 oz / 1 kop tørret kokosnød (revet)

100 g / 4 oz / 1 kop hakkede blandede nødder

Flormelis (konditor), sigtet, til aftørring

Pisk æg, sukker, olie og vaniljeessens. Bland mel, bagepulver, kanel og salt sammen og bland gradvist i blandingen. Tilsæt gulerødder, ananas, kokos og valnødder. Anbring i en smurt og meldrysset 25 cm/10" kageform (pande) og bag i en forvarmet ovn ved 160°C/325°F/gasmærke 3 i 1¼ time, indtil et spyd, der er indsat i midten, kommer rent ud. Lad den køle af i formen i 10 minutter, før den overføres til en rist for at afslutte afkølingen. Drys med flormelis inden servering.

Gulerods- og pistaciekage

Laver en 23 cm / 9 tommer kage

100 g / 4 oz / ½ kop smør eller margarine, blødgjort

100 g / 4 oz / ½ kop pulveriseret sukker (superfint)

2 æg

225 g / 8 oz / 2 kopper almindeligt mel (alle formål)

5 ml / 1 tsk natron (bagepulver)

5 ml / 1 tsk stødt kardemomme

225 g / 8 oz revet gulerødder

50 g / 2 oz / ½ kop pistacienødder, hakket

50 g / 2 oz / ½ kop malede mandler

100 g / 4 oz / 2/3 kop sultanas (gyldne rosiner)

Fløde smør eller margarine og sukker til det er lyst og luftigt. Pisk gradvist æggene i, pisk godt efter hver tilsætning, og tilsæt derefter mel, bagepulver og kardemomme. Tilsæt gulerødder, valnødder, malede mandler og rosiner. Hæld blandingen i en smurt og foret 23 cm/9" kageform og bag i en forvarmet ovn ved 180°C/350°F/gasmærke 4 i 40 minutter, indtil den er gennemstegt, gylden og fjedrende. berøring.

Gulerods- og valnøddekage

Laver en 23 cm / 9 tommer kage

200 ml / 7 fl oz / sparsom 1 kop olie

4 æg

225 g / 8 oz / 2/3 kop lys honning

225 g / 8 oz / 2 kopper fuldkornshvedemel (fuld hvede)

10 ml / 2 teskefulde bagepulver

2,5 ml / ½ tsk natron (bagepulver)

en knivspids salt

5 ml / 1 tsk vaniljeessens (ekstrakt)

175 g / 6 oz gulerødder, groft revet

175 g / 6 oz / 1 kop rosiner

100 g / 4 oz / 1 kop valnødder, finthakkede

Blend olie, æg og honning. Bland gradvist alle de resterende ingredienser i og pisk, indtil det er godt blandet. Anbring i en smurt og meldrysset kageform (form) og bag i en forvarmet ovn ved 180 °C / 350 °F / gasmærke 4 i 1 time, indtil et spyd, der er indsat i midten, kommer rent ud.

Krydret gulerodskage

Laver en 18 cm / 7 tommer kage

175 g / 6 oz / 1 kop dadler

120 ml / 4 fl oz / ½ kop vand

175 g / 6 oz / ¾ kop smør eller margarine, blødgjort

2 æg, let pisket

225 g / 8 oz / 2 kopper selvhævende mel (gær)

175 g / 6 oz gulerødder, fint revet

25 g / 1 oz / ¼ kop malede mandler

revet skal af 1 appelsin

2,5 ml / ½ tsk blandede malede krydderier (æblekage)

2,5 ml / ½ tsk stødt kanel

2,5 ml / ½ tsk malet ingefær

Til glasuren (frosting):

350 g / 12 oz / 1½ kopper kvarkost

25 g / 1 oz / 2 spsk smør eller margarine, blødgjort

revet skal af 1 appelsin

Kom dadlerne og vandet i en lille gryde, bring det i kog og lad det simre i 10 minutter, indtil det er blødt. Fjern og kassér stenene (gruberne), og hak derefter dadlerne fint. Bland dadler og væske, smør eller margarine og æg til det er cremet. Tilsæt alle de resterende kageingredienser. Hæld blandingen i en smurt og foret 18 cm kageform (muffinform) og bag i en forvarmet ovn ved 180°C / 350°F / gasmærke 4 i 1 time, indtil et spyd, der er indsat i midten, springer ud. Lad den køle af i formen i 10 minutter, før den overføres til en rist for at afslutte afkølingen.

For at lave frostingen skal du piske alle ingredienserne, indtil de er glatte, og tilsætte lidt mere appelsinjuice eller vand, hvis det er nødvendigt. Skær kagen i halve vandret, sandwich lagene med halvdelen af frostingen, og fordel resten ovenpå.

Gulerod og brun farin kage

Laver en 18 cm / 7 tommer kage

5 æg, adskilt

200 g / 7 oz / sparsom 1 kop blødt brun farin

15 ml / 1 spsk citronsaft

300 g / 10 oz revet gulerødder

225 g / 8 oz / 2 kopper malede mandler

25 g / 1 oz / ¼ kop fuldkornshvedemel (fuld hvede)

5 ml / 1 tsk stødt kanel

25 g / 1 oz / 2 spsk smør eller margarine, smeltet

25 g / 1 oz / 2 spsk pulveriseret sukker (superfint)

30 ml / 2 spiseskefulde simpel creme (let)

75 g / 3 oz / ¾ kop hakkede blandede nødder

Pisk æggeblommerne til skum, pisk sukkeret jævnt og pisk derefter citronsaften i. Tilsæt en tredjedel af gulerødderne, derefter en tredjedel af mandlerne og fortsæt på denne måde, indtil det hele er samlet. Tilsæt mel og kanel. Pisk æggehviderne stive, og vend dem derefter ind i blandingen med en metalske. Vend i en smurt og foret 18 cm/7 dyb kageform (form) og bag i en forvarmet ovn ved 180°C/350°F/gasmærke 4 i 1 time. Dæk kagen løst med fedtsugende (voks)papir og reducer ovntemperaturen til 160°C/325°F/gasmærke 3 i yderligere 15 minutter, eller indtil kagen krymper lidt fra siderne af formen, og midten stadig er våd. .

Kombiner smeltet smør eller margarine, sukker, fløde og valnødder, hæld over kagen og steg på en mellemstor rist (slagtekyllinger), indtil den er gyldenbrun.

Zucchini og marvtærte

Laver en 20 cm / 8 tommer kage

225 g / 8 oz / 1 kop pulveriseret sukker (superfint)

2 sammenpisket æg

120 ml / 4 fl oz / ½ kop olie

100 g / 4 oz / 1 kop almindeligt mel (alle formål)

5 ml / 1 tsk bagepulver

2,5 ml / ½ tsk natron (bagepulver)

2,5 ml / ½ tsk salt

100 g / 4 oz courgetter (zucchini), revet

100 g / 4 oz stødt ananas

50 g / 2 oz / ½ kop valnødder, hakket

5 ml / 1 tsk vaniljeessens (ekstrakt)

Pisk sukker og æg, indtil det er lyst og godt blandet. Pisk olien i og derefter de tørre ingredienser. Tilsæt zucchini, ananas, nødder og vaniljeessens. Anbring i en smurt og meldrysset kageform (form) og bag i en forvarmet ovn ved 180 °C / 350 °F / gasmærke 4 i 1 time, indtil et spyd, der er indsat i midten, kommer rent ud. Lad den køle af i formen i 30 minutter, før den overføres til en rist for at afslutte afkølingen.

Zucchini og appelsinkage

Laver en 25 cm / 10 tommer kage

225 g / 8 oz / 1 kop smør eller margarine, blødgjort

450 g / 1 lb / 2 kopper blødt brun farin

4 æg, let pisket

275 g / 10 oz / 2½ kopper almindeligt mel (alle formål)

15 ml / 1 spsk bagepulver

2,5 ml / ½ tsk salt

5 ml / 1 tsk stødt kanel

2,5 ml / ½ tsk revet muskatnød

En knivspids malet nelliker

Revet skal og saft af 1 appelsin

225 g / 8 oz / 2 kopper courgetter (courgetter), revet

Fløde smør eller margarine og sukker til det er lyst og luftigt. Pisk æggene gradvist, og tilsæt derefter mel, bagepulver, salt og krydderier skiftevis med appelsinskal og saft. Tilsæt zucchinien. Hæld i en smurt og foret 25 cm/10" kageform og bag i en forvarmet ovn ved 180°C/350°F/gasmærke 4 i 1 time, indtil den er gyldenbrun og fjedrende at røre ved. Hvis toppen begynder at brune for meget mod slutningen af bagningen, dækkes den med fedtsugende (voks)papir.

Krydret Zucchinitærte

Laver en 25 cm / 10 tommer kage

350 g / 12 oz / 3 kopper almindeligt mel (alle formål)

10 ml / 2 teskefulde bagepulver

7,5 ml / 1½ tsk stødt kanel

5 ml / 1 tsk natron (bagepulver)

2,5 ml / ½ tsk salt

8 æggehvider

450 g / 1 lb / 2 kopper pulveriseret sukker (superfint)

100 g / 4 oz / 1 kop æblemos (sauce)

120 ml / 4 fl oz / ½ kop kærnemælk

15 ml / 1 spsk vaniljeessens (ekstrakt)

5 ml / 1 tsk fintrevet appelsinskal

350 g / 12 oz / 3 kopper courgetter (courgetter), revet

75 g / 3 oz / ¾ kop valnødder, hakket

Til dressingen:

100 g / 4 oz / ½ kop flødeost

25 g / 1 oz / 2 spsk smør eller margarine, blødgjort

5 ml / 1 tsk fintrevet appelsinskal

10 ml / 2 tsk appelsinjuice

350 g / 12 oz / 2 kopper flormelis (konditorsukker), sigtet

Bland de tørre ingredienser. Pisk æggehviderne, indtil de danner bløde toppe. Tilsæt langsomt sukkeret, derefter æblemos, kærnemælk, vaniljeessens og appelsinskal. Tilsæt melblandingen, derefter zucchini og valnødder. Anbring i en smurt og meldrysset

25 cm/10" kageform og bag i en forvarmet ovn ved 150°C/300°F/gasmærke 2 i 1 time, indtil et spyd indsat i midten kommer rent ud. Lad afkøle i dåsen.

Pisk alle ingredienserne til toppingen, indtil den er glat, og tilsæt lige nok sukker til at få en smørbar konsistens. Fordel over den afkølede kage.

Græskar kage

Giver en kage på 23 x 33 cm / 9 x 13 i

450 g / 1 lb / 2 kopper pulveriseret sukker (superfint)

4 sammenpisket æg

375 ml / 13 fl oz / 1½ kopper olie

350 g / 12 oz / 3 kopper almindeligt mel (alle formål)

15 ml / 1 spsk bagepulver

10 ml / 2 teskefulde bagepulver (bagepulver)

10 ml / 2 tsk stødt kanel

2,5 ml / ½ tsk malet ingefær

en knivspids salt

225 g kogt græskar i tern

100 g / 4 oz / 1 kop valnødder, hakket

Pisk sukker og æg, indtil det er godt blandet, og tilsæt derefter olien. Bland de resterende ingredienser. Placer i en smurt og meldrysset 23 x 33 cm / 9 x 13 bradepande (form) og bag i en forvarmet ovn ved 180 °C / 350 °F / gasmærke 4 i 1 time, indtil et indsat spyd kommer ud. rent center.

Græskartærte med frugt

Laver en 20 cm / 8 tommer kage

100 g / 4 oz / ½ kop smør eller margarine, blødgjort

150 g / 5 oz / 2/3 kop blødt brun farin

2 æg, let pisket

225 g / 8 oz koldt kogt græskar

30 ml / 2 spsk gylden sirup (lys majs)

8 oz / 225 g 1/1/3 kopper blandet tørret frugt (frugtkageblanding)

225 g / 8 oz / 2 kopper selvhævende mel (gær)

50 g / 2 oz / ½ kop klid

Fløde smør eller margarine og sukker til det er lyst og luftigt. Tilsæt gradvist æggene og tilsæt derefter resten af ingredienserne. Placer i en smurt og foret 20 cm / 8 i kageform (pande) og bag i en forvarmet ovn ved 160 °C / 325 °F / gasmærke 3 i 1¼ time, indtil et spyd, der er indsat i midten, kommer rent ud.

Græskar krydderi rulle

Lav en 30 cm / 12 in. rulle.

75 g / 3 oz / ¾ kop almindeligt mel (alle formål)

5 ml / 1 tsk natron (bagepulver)

5 ml / 1 tsk malet ingefær

2,5 ml / ½ tsk revet muskatnød

10 ml / 2 tsk stødt kanel

en knivspids salt

1 æg

225 g / 8 oz / 1 kop pulveriseret sukker (superfint)

100 g / 4 oz kogt græskar, i tern

5 ml / 1 tsk citronsaft

4 æggehvider

50 g / 2 oz / ½ kop valnødder, hakket

50 g / 2 oz / 1/3 kop flormelis (konditorsukker), sigtet

Til fyldet:

175 g / 6 oz / 1 kop flormelis (konditorsukker), sigtet

100 g / 4 oz / ½ kop flødeost

2,5 ml / ½ tsk vanilje essens (ekstrakt)

Bland mel, bagepulver, krydderier og salt. Pisk ægget tykt og blegt, og tilsæt derefter sukkeret, indtil blandingen er bleg og cremet. Tilsæt græskar og citronsaft. Tilsæt melblandingen. I en ren skål piskes hviderne stive. Fold kageblandingen i og fordel ud på en smurt og beklædt 30 x 12 cm / 12 x 8 schweizerrulleform og drys valnødderne ovenpå. Bages i en forvarmet ovn ved 190°C/375°F/gasmærke 5 i 10 minutter, indtil den er elastisk at røre ved. Sigt flormelisen på et rent køkkenrulle (køkkenhåndklæde) og vend kagen på klædet. Fjern foringspapiret og rul kagen og håndklædet sammen, og lad det derefter køle af.

For at lave fyldet piskes sukkeret gradvist med flødeost og vaniljeessens, indtil der opnås en smørbar blanding. Rul kagen ud og fordel fyldet ovenpå. Rul kagen igen og afkøl inden servering drysset med lidt mere flormelis.

rabarber og honningkage

Laver to 450 g / 1 lb kager

250 g / 9 oz / ¾ kop lys honning

100 ml / 4 fl oz / ½ kop olie

1 æg

5 ml / 1 tsk natron (bagepulver)

60 ml / 4 spiseskefulde vand

350 g / 12 oz / 3 kopper fuldkornshvedemel (fuld hvede)

10 ml / 2 teskefulde salt

350 g / 12 oz rabarber, finthakket

5 ml / 1 tsk vaniljeessens (ekstrakt)

50 g / 2 oz / ½ kop hakkede blandede nødder (valgfrit)

Til dressingen:

75 g / 3 oz / 1/3 kop brun farin

5 ml / 1 tsk stødt kanel

15 g / ½ oz / 1 spsk smør eller margarine, blødgjort

Bland honning og olie. Tilsæt ægget og pisk godt. Tilsæt bagepulver til vandet og lad det opløses. Bland mel og salt. Tilsæt til honningblandingen skiftevis med natronblandingen. Tilsæt rabarber, vaniljeessens og valnødder, hvis du bruger. Hæld i to smurte 450g/1lb brødforme (ramekins). Bland ingredienserne til toppingen og fordel den over kageblandingen. Bages i en forvarmet ovn ved 180°C/350°F/gasmærke 4 i 1 time, indtil den er elastisk at røre ved.

Sød kartoffeltærte

Laver en 23 cm / 9 tommer kage

300 g / 11 oz / 2¾ kopper almindeligt mel (alle formål)

15 ml / 1 spsk bagepulver

5 ml / 1 tsk stødt kanel

5 ml / 1 tsk revet muskatnød

en knivspids salt

350 g / 12 oz / 1¾ kopper pulveriseret (superfint) sukker

375 ml / 13 fl oz / 1½ kopper olie

60 ml / 4 spiseskefulde kogt vand

4 æg, adskilt

8 oz / 225 g søde kartofler, skrællet og groft revet

100 g / 4 oz / 1 kop hakkede blandede nødder

5 ml / 1 tsk vaniljeessens (ekstrakt)

Til glasuren (frosting):

225 g / 8 oz / 11/3 kopper flormelis (konditorsukker), sigtet

50 g / 2 oz / ¼ kop smør eller margarine, blødgjort

250 g / 9 oz / 1 medium flødeost i balje

50 g / 2 oz / ½ kop hakkede blandede nødder

En knivspids stødt kanel til aftørring

Bland mel, bagepulver, kanel, muskatnød og salt. Pisk sukker og olie i, tilsæt derefter kogende vand og pisk, indtil det er godt blandet. Tilsæt æggeblommer og melblanding og bland, indtil det er godt blandet. Tilsæt søde kartofler, valnødder og vaniljeessens. Pisk æggehviderne stive, og vend dem derefter ind i blandingen. Hæld i to smurte og meldrysede kageforme (forme) og bag dem i en forvarmet ovn ved 180°C/350°F/gasmærke 4 i 40 minutter, indtil de er fjedrende at røre ved. Lad afkøle i formene i 5 minutter, og sæt dem derefter på en rist for at afslutte afkølingen.

Bland flormelis, smør eller margarine og halvdelen af flødeosten. Fordel halvdelen af den resterende flødeost på en kage, og fordel derefter frostingen over osten. Smør kagerne sammen. Fordel den resterende flødeost ovenpå og drys valnødder og kanel ovenpå inden servering.

Italiensk mandelkage

Laver en 20 cm / 8 tommer kage

1 æg

150 ml / ¼ pt / 2/3 kop mælk

2,5 ml / ½ tsk mandel essens (ekstrakt)

45 ml / 3 spsk smeltet smør

350 g / 12 oz / 3 kopper almindeligt mel (alle formål)

100 g / 4 oz / ½ kop pulveriseret sukker (superfint)

10 ml / 2 teskefulde bagepulver

2,5 ml / ½ tsk salt

1 æggehvide

100 g / 4 oz / 1 kop hakkede mandler

Pisk ægget i en skål, og tilsæt derefter gradvist mælk, mandelessens og smeltet smør, mens du pisk hele tiden. Tilsæt mel, sukker, bagepulver og salt og fortsæt med at blande, indtil det er glat. Hæld i en smurt og foret 20 cm/8" kageform. Pisk æggehviden, indtil den er skummende, fordel derefter generøst over toppen af kagen og drys med mandlerne. Bages i en forvarmet ovn ved 220°C/425°F/gasmærke 7 i 25 minutter, indtil den er gyldenbrun og fjedrende at røre ved.

Mandelkage og kaffe

Laver en 23 cm / 9 tommer kage

8 æg, adskilt

175 g / 6 oz / ¾ kop pulveriseret sukker (superfint)

60 ml / 4 spsk stærk sort kaffe

175 g / 6 oz / 1½ kopper malede mandler

45 ml / 3 spsk semulje (fløde af hvede)

100 g / 4 oz / 1 kop almindeligt mel (alle formål)

Pisk æggeblommer og sukker til det er meget tykt og cremet. Tilsæt kaffe, malede mandler og semulje og pisk godt. Tilsæt melet. Pisk æggehviderne stive, og vend dem derefter ind i blandingen. Hæld i en smurt 23 cm / 9 i kageform (form) og bag i en forvarmet ovn ved 180 °C / 350 °F / gasmærke 4 i 45 minutter, indtil den er elastisk at røre ved.

Mandel- og honningkage

Laver en 20 cm / 8 tommer kage

225 g / 8 oz revet gulerødder

75 g / 3 oz / ¾ kop mandler, hakkede

2 sammenpisket æg

100 ml / 4 fl oz / ½ kop lys honning

60 ml / 4 spiseskefulde olie

150 ml / ¼ pt / 2/3 kop mælk

150 g / 5 oz / 1¼ kopper fuldkornshvedemel (fuld hvede)

10 ml / 2 teskefulde salt

10 ml / 2 teskefulde bagepulver (bagepulver)

15 ml / 1 spsk stødt kanel

Bland gulerødder og nødder. Pisk æggene med honning, olie og mælk, og tilsæt derefter gulerodsblandingen. Bland mel, salt, natron og kanel sammen og tilsæt gulerodsblandingen. Hæld blandingen i en smurt og foret 20 cm / 8 tommer firkantet form (form) og bag i en forvarmet ovn ved 150 °C / 300 °F / gasmærke 2 i 1¾ time, indtil et spyd, der er indsat i midten, springer ud. . Lad den køle af i formen i 10 minutter, før den tages ud.

Citron og mandel kage

Laver en 23 cm / 9 tommer kage

25 g / 1 oz / ¼ kop mandler i flager (skåret i skiver)

100 g / 4 oz / ½ kop smør eller margarine, blødgjort

100 g / 4 oz / ½ kop blødt brun farin

2 sammenpisket æg

100 g / 4 oz / 1 kop selvhævende mel

revet skal af 1 citron

                    Til siruppen:

75 g / 3 oz / 1/3 kop pulveriseret (superfint) sukker

45-60 ml / 3-4 spsk citronsaft

Smør og beklæd en 23 cm kageform (form) og drys mandlerne på bunden. Fløde smør og farin. Pisk æggene i et ad gangen, og tilsæt derefter mel og citronskal. Hæld i den forberedte dåse og jævn overfladen. Bages i en forvarmet ovn ved 180°C/350°F/gasmærke 4 i 20 til 25 minutter, indtil den er godt hævet og fjedrende at røre ved.

Imens opvarmes flormelis og citronsaft i en stegepande, mens der røres af og til, indtil sukkeret er opløst. Tag kagen ud af ovnen og lad den køle af i 2 minutter, og vend den derefter på en rist med bunden opad. Hæld siruppen i med en ske og lad den køle helt af.

Mandelkage med appelsin

Laver en 20 cm / 8 tommer kage

225 g / 8 oz / 1 kop smør eller margarine, blødgjort

225 g / 8 oz / 1 kop pulveriseret sukker (superfint)

4 æg, adskilt

225 g / 8 oz / 2 kopper almindeligt mel (alle formål)

10 ml / 2 teskefulde bagepulver

50 g / 2 oz / ½ kop malede mandler

5 ml / 1 tsk revet appelsinskal

Fløde smør eller margarine og sukker til det er lyst og luftigt. Pisk æggeblommerne og tilsæt derefter mel, bagepulver, malede mandler og appelsinskal. Pisk æggehviderne stive, og vend dem derefter i blandingen med en metalske. Placer i en smurt og foret 20 cm / 8 i tærteform (pande) og bag i en forvarmet ovn ved 180 °C / 350 °F / gasmærke 4 i 1 time, indtil et spyd indsat i midten kommer rent ud.

rig mandelkage

Laver en 18 cm / 7 tommer kage

100 g / 4 oz / ½ kop smør eller margarine, blødgjort

150 g / 5 oz / 2/3 kop pulveriseret (superfint) sukker

3 æg, let pisket

75 g / 3 oz / ¾ kop malede mandler

50 g / 2 oz / ½ kop almindeligt mel (alle formål)

Et par dråber mandelessens (ekstrakt)

Fløde smør eller margarine og sukker til det er lyst og luftigt. Tilsæt gradvist æggene og tilsæt derefter de malede mandler, mel og mandelessens. Hæld i en smurt og foret 18 cm/7" kageform og bag i en forvarmet ovn ved 180°C/350°F/gasmærke 4 i 45 minutter, indtil den er elastisk at røre ved.

Svensk makaroni kage

Laver en 23 cm / 9 tommer kage

100 g / 4 oz / 1 kop malede mandler

75 g / 3 oz / 1/3 kop granuleret sukker

5 ml / 1 tsk bagepulver

2 store æggehvider, pisket

Bland mandler, sukker og bagepulver. Rør æggehviderne i, indtil blandingen er tyk og glat. Hæld i en smurt og foret 23 cm/9" sandwichpande (pande) og bag i en forvarmet ovn ved 160°C/325°F/gasmærke 3 i 20-25 minutter, indtil den lige er hævet og gyldenbrun. Tag meget forsigtigt ud af formen, da kagen er skrøbelig.

kokosbrød

Giver et brød på 450 g / 1 lb

100 g / 4 oz / 1 kop selvhævende mel

225 g / 8 oz / 1 kop pulveriseret sukker (superfint)

100 g / 4 oz / 1 kop tørret kokosnød (revet)

1 æg

120 ml / 4 fl oz / ½ kop mælk

en knivspids salt

Bland alle ingredienser godt og kom i en smurt og foret 450g/1lb brødform. Bages i en forvarmet ovn ved 180°C/350°F/gasmærke 4 i ca. 1 time, indtil den er gyldenbrun og fjedrende at røre ved.

kokos tærte

Laver en 23 cm / 9 tommer kage

75 g / 3 oz / 1/3 kop smør eller margarine

150 ml / ¼ pt / 2/3 kop mælk

2 æg, let pisket

225 g / 8 oz / 1 kop pulveriseret sukker (superfint)

150 g / 5 oz / 1¼ kopper selvhævende mel (gær)

en knivspids salt

Til dressingen:
100 g / 4 oz / ½ kop smør eller margarine

75 g / 3 oz / ¾ kop tørret kokosnød (revet)

60 ml / 4 spsk lys honning

45 ml / 3 spsk mælk

50 g / 2 oz / ¼ kop blødt brun farin

Smelt smør eller margarine i mælken og lad det køle lidt af. Pisk æg og melis til lyst og skummende, og vend derefter smør- og mælkeblandingen i. Tilsæt mel og salt til en ret fin blanding. Hæld i en smurt og foret 23 cm/9" kageform og bag i en forvarmet ovn ved 180°C/350°F/gasmærke 4 i 40 minutter, indtil den er gyldenbrun og fjedrende at røre ved.

Bring imens ingredienserne til toppingen i kog i en stegepande. Placer den varme kage og hæld toppingblandingen på. Placer under en varm grill (slagtekyllinger) i et par minutter, indtil toppingen begynder at brune.

gylden kokoskage

Laver en 20 cm / 8 tommer kage

100 g / 4 oz / ½ kop smør eller margarine, blødgjort

200 g / 7 oz / sparsom 1 kop pulveriseret (superfint) sukker

200 g / 7 oz / 1¾ kopper almindeligt mel (alle formål)

10 ml / 2 teskefulde bagepulver

en knivspids salt

175 ml / 6 fl oz / ¾ kop mælk

3 æggehvider

Til fyld og topping:

150 g / 5 oz / 1¼ kopper tørret kokosnød (revet)

200 g / 7 oz / sparsom 1 kop pulveriseret (superfint) sukker

120 ml / 4 fl oz / ½ kop mælk

120 ml / 4 fl oz / ½ kop vand

3 æggeblommer

Fløde smør eller margarine og sukker til det er lyst og luftigt. Rør mel, bagepulver og salt i blandingen skiftevis med mælk og vand, indtil du har en jævn dej. Pisk æggehviderne stive, og vend dem derefter i dejen. Hæld blandingen i to smurte 20 cm/8-tommer kageforme og bag i en forvarmet ovn ved 180°C/350°F/gasmærke 4 i 25 minutter, indtil den er elastisk at røre ved. Lad afkøle.

Kom kokos, sukker, mælk og æggeblommer i en lille gryde. Varm op ved lav varme i et par minutter, indtil æggene er kogte, under konstant omrøring. Lad afkøle. Smør kagerne sammen med halvdelen af kokosblandingen, og hæld derefter resten ovenpå.

Kokos toppet kage

Giver en kage på 9 x 18 cm / 3½ x 7

100 g / 4 oz / ½ kop smør eller margarine, blødgjort

175 g / 6 oz / ¾ kop pulveriseret sukker (superfint)

3 æg

175 g / 6 oz / 1½ kopper almindeligt mel (alle formål)

5 ml / 1 tsk bagepulver

175 g / 6 oz / 1 kop sultanas (gyldne rosiner)

120 ml / 4 fl oz / ½ kop mælk

6 almindelige kiks (småkager), knust

100 g / 4 oz / ½ kop blødt brun farin

100 g / 4 oz / 1 kop tørret kokosnød (revet)

Pisk smør eller margarine og melis til det er lyst og luftigt. Pisk to af æggene gradvist, og tilsæt derefter mel, bagepulver og sultanas skiftevis med mælken. Hæld halvdelen af blandingen i en smurt og foret 450 g/1 lb brødform. Bland det resterende æg med småkage, brun farin og kokos og drys i formen. Hæld den resterende blanding i og bag i en forvarmet ovn ved 180 °C / 350 °F / gasmærke 4 i 1 time. Lad afkøle i formen i 30 minutter, og læg derefter på en rist for at afslutte afkølingen.

kokos- og citronkage

Laver en 20 cm / 8 tommer kage

100 g / 4 oz / ½ kop smør eller margarine, blødgjort

75 g / 3 oz / 1/3 kop blødt brun farin

revet skal af 1 citron

1 sammenpisket æg

Et par dråber mandelessens (ekstrakt)

350 g / 12 oz / 3 kopper selvhævende mel

60 ml / 4 spsk hindbærsyltetøj (reserve)

Til dressingen:

1 sammenpisket æg

75 g / 3 oz / 1/3 kop blødt brun farin

225 g / 8 oz / 2 kopper tørret kokosnød (revet)

Fløde smør eller margarine, sukker og citronskal til det er let og luftigt. Tilsæt gradvist æg og mandelessens og tilsæt derefter melet. Hæld blandingen i en smurt og foret 20cm/8" kageform. Hæld marmeladen over blandingen. Pisk ingredienserne til toppingen og fordel ud over blandingen. Bages i en forvarmet ovn ved 180°C/350°F/gasmærke 4 i 30 minutter, indtil den er elastisk at røre ved. Lad afkøle i dåsen.

Nytårs kokoskage

Laver en 18 cm / 7 tommer kage

100 g / 4 oz / ½ kop smør eller margarine, blødgjort

100 g / 4 oz / ½ kop pulveriseret sukker (superfint)

2 æg, let pisket

75 g / 3 oz / ¾ kop almindeligt mel (alle formål)

45 ml / 3 spsk tørret kokosnød (revet)

30 ml / 2 spsk rom

Et par dråber mandelessens (ekstrakt)

Et par dråber citronessens (ekstrakt)

Pisk smør og sukker til det er lyst og luftigt. Pisk æggene gradvist, og tilsæt derefter mel og kokos. Tilsæt rom og essenser. Hæld i en smurt og foret 18 cm/7" kageform (form) og jævn overfladen. Bag i en forvarmet ovn ved 190°C / 375°F / gasmærke 5 i 45 minutter, indtil et spyd, der er indsat i midten, kommer rent ud. Lad afkøle i dåsen.

Kokos og sultana kage

Laver en 23 cm / 9 tommer kage

100 g / 4 oz / ½ kop smør eller margarine, blødgjort

175 g / 6 oz / ¾ kop pulveriseret sukker (superfint)

2 æg, let pisket

175 g / 6 oz / 1½ kopper almindeligt mel (alle formål)

5 ml / 1 tsk bagepulver

en knivspids salt

175 g / 6 oz / 1 kop sultanas (gyldne rosiner)

120 ml / 4 fl oz / ½ kop mælk

Til fyldet:

1 æg, let pisket

50 g / 2 oz / ½ kop almindelige småkagekrummer

100 g / 4 oz / ½ kop blødt brun farin

100 g / 4 oz / 1 kop tørret kokosnød (revet)

Pisk smør eller margarine og melis til det er lyst og luftigt. Tilsæt gradvist æggene. Vend mel, bagepulver, salt og sultanas i med nok mælk til at få en jævn konsistens. Hæld halvdelen af blandingen i en smurt 9-tommer kageform. Bland ingredienserne til fyldet sammen og hæld blandingen over dejen, og top med den resterende kageblanding. Bages i en forvarmet ovn ved 180°C / 350°F / gasmærke 4 i 1 time, indtil den er fjedrende at røre ved og begynder at krympe fra siderne af gryden. Lad den køle af i formen, inden den tages ud.

knasende valnøddekage

Laver en 23 cm / 9 tommer kage

225 g / 8 oz / 1 kop smør eller margarine, blødgjort

225 g / 8 oz / 1 kop pulveriseret sukker (superfint)

2 æg, let pisket

225 g / 8 oz / 2 kopper almindeligt mel (alle formål)

2,5 ml / ½ tsk natron (bagepulver)

2,5 ml / ½ tsk creme af tandsten

200 ml / 7 fl oz / sparsom 1 kop mælk

Til dressingen:

100 g / 4 oz / 1 kop hakkede blandede nødder

100 g / 4 oz / ½ kop blødt brun farin

5 ml / 1 tsk stødt kanel

Pisk smør eller margarine og melis til det er lyst og luftigt. Pisk æggene gradvist, og tilsæt derefter mel, bagepulver og fløde af tatar skiftevis med mælken. Hæld i en smurt og foret 9-tommers kageform (pande). Bland valnødder, farin og kanel sammen og drys ovenpå kagen. Bages i en forvarmet ovn ved 180°C/350°F/gasmærke 4 i 40 minutter, indtil de er gyldenbrune og grydens sider krymper. Lad afkøle i formen i 10 minutter, og læg derefter på en rist for at afslutte afkølingen.

Blandet nøddekage

Laver en 23 cm / 9 tommer kage

100 g / 4 oz / ½ kop smør eller margarine, blødgjort

225 g / 8 oz / 1 kop pulveriseret sukker (superfint)

1 sammenpisket æg

225 g / 8 oz / 2 kopper selvhævende mel (gær)

10 ml / 2 teskefulde bagepulver

en knivspids salt

250 ml / 8 fl oz / 1 kop mælk

5 ml / 1 tsk vaniljeessens (ekstrakt)

2,5 ml / ½ tsk citronessens (ekstrakt)

100 g / 4 oz / 1 kop hakkede blandede nødder

Fløde smør eller margarine og sukker til det er lyst og luftigt. Tilsæt gradvist ægget. Bland mel, bagepulver og salt og tilsæt blandingen skiftevis med mælken og essenserne. Fold nødderne i. Hæld i to smurte og forede 23 cm / 9 kageforme og bag dem i en forvarmet ovn ved 180 °F / 350 °F / gasmærke 4 i 40 minutter, indtil et spyd indsat i midten kommer rent ud.

græsk valnøddekage

Laver en 25 cm / 10 tommer kage

100 g / 4 oz / ½ kop smør eller margarine, blødgjort

225 g / 8 oz / 1 kop pulveriseret sukker (superfint)

3 æg, let pisket

250 g / 9 oz / 2¼ kopper almindeligt mel (alle formål)

225 g / 8 oz / 2 kopper malede valnødder

10 ml / 2 teskefulde bagepulver

5 ml / 1 tsk stødt kanel

1,5 ml / ¼ tsk stødt nelliker

en knivspids salt

75 ml / 5 spsk mælk

Til honningsiruppen:

175 g / 6 oz / ¾ kop pulveriseret sukker (superfint)

75 g / 3 oz / ¼ kop lys honning

15 ml / 1 spsk citronsaft

250 ml / 8 fl oz / 1 kop kogende vand

Fløde smør eller margarine og sukker til det er lyst og luftigt. Tilsæt gradvist æggene, og tilsæt derefter mel, nødder, bagepulver, krydderier og salt. Tilsæt mælk og bland til det er glat. Hæld i en smurt og meldrysset 25 cm/10" kageform (form) og bag i en forvarmet ovn ved 180°C/350°F/gasmærke 4 i 40 minutter, indtil den er elastisk at røre ved. Lad afkøle i formen i 10 minutter, og flyt derefter over på en rist.

For at lave siruppen blandes sukker, honning, citronsaft og vand og varmes op, indtil det er opløst. Prik hele den varme kage med en gaffel, og hæld derefter honningsiruppen i.

valnødde-islagkage

Laver en 18 cm / 7 tommer kage

100 g / 4 oz / ½ kop smør eller margarine, blødgjort

100 g / 4 oz / ½ kop pulveriseret sukker (superfint)

2 æg, let pisket

100 g / 4 oz / 1 kop selvhævende mel

100 g / 4 oz / 1 kop valnødder, hakket

en knivspids salt

     Til glasuren (frosting):
450 g / 1 lb / 2 kopper granuleret sukker

150 ml / ¼ pt / 2/3 kop vand

2 æggehvider

Nogle valnøddehalvdele til at dekorere

Pisk smør eller margarine og melis til det er lyst og luftigt. Tilsæt gradvist æggene, og tilsæt derefter mel, valnødder og salt. Hæld blandingen i to smurte og forede 18 cm/7" kageforme (forme) og bag i en forvarmet ovn ved 180°C/350°F/gasmærke 4 i 25 minutter, indtil den er godt hævet og spændstig. Lad afkøle.

Opløs perlesukkeret i vandet ved lav varme under konstant omrøring, bring det derefter i kog og fortsæt med at koge uden omrøring, indtil en dråbe af blandingen danner en glat kugle, når den falder i koldt vand. Pisk imens æggehviderne i en ren skål, til de er stive. Hæld siruppen over æggehviden og pisk indtil blandingen er tyk nok til at dække bagsiden af en ske. Smør kagerne sammen med et lag frosting, fordel derefter resten over toppen og siderne af kagen og pynt med valnøddehalvdele.

Valnøddekage med chokoladecreme

Laver en 18 cm / 7 tommer kage

3 æg

75 g / 3 oz / 1/3 kop blødt brun farin

50 g / 2 oz / ½ kop fuldkornshvedemel (fuld hvede)

25 g / 1 oz / ¼ kop kakaopulver (usødet chokolade)

Til glasuren (frosting):
150 g / 5 oz / 1¼ kopper almindelig (halvsød) chokolade

225 g / 8 oz / 1 kop fedtfattig flødeost

45 ml / 3 spsk flormelis (konditorer), sigtet

75 g / 3 oz / ¾ kop valnødder, hakket

15 ml / 1 spsk brandy (valgfrit)

Revet chokolade til pynt

Pisk æg og farin, indtil det er lyst og tykt. Tilsæt mel og kakao. Hæld blandingen i to smurte og forede 18 cm/7" sandwichforme (pander) og bag i en forvarmet ovn ved 190°C/375°F/gasmærke 5 i 15-20 minutter, indtil den er godt hævet. og elastisk at røre ved. Tag dem ud af formene og lad dem køle af.

Smelt chokoladen i en varmefast skål placeret over en gryde med kogende vand. Fjern fra varmen og tilsæt flødeost og flormelis, og tilsæt derefter valnødder og brandy, hvis du bruger. Smør tærterne sammen med det meste af fyldet og fordel resten ovenpå. Pynt med revet chokolade.

Valnøddekage med honning og kanel

Laver en 23 cm / 9 tommer kage

225 g / 8 oz / 2 kopper almindeligt mel (alle formål)

10 ml / 2 teskefulde bagepulver

5 ml / 1 tsk natron (bagepulver)

5 ml / 1 tsk stødt kanel

en knivspids salt

100 g / 4 oz / 1 kop almindelig yoghurt

75 ml / 5 spiseskefulde olie

100 g / 4 oz / 1/3 kop lys honning

1 æg, let pisket

5 ml / 1 tsk vaniljeessens (ekstrakt)

Til fyldet:

50 g / 2 oz / ½ kop hakkede valnødder

225 g / 8 oz / 1 kop blødt brun farin

10 ml / 2 tsk stødt kanel

30 ml / 2 spsk olie

Bland de tørre ingredienser til kagen og lav en fordybning i midten. Pisk de resterende kageingredienser og bland med de tørre ingredienser. Bland ingredienserne til fyldet. Hæld halvdelen af kageblandingen i en smurt og meldrysset 23 cm kageform (form) og drys med halvdelen af fyldet. Tilsæt den resterende kageblanding og derefter det resterende fyld. Bages i en forvarmet ovn ved 180°C/350°F/gasmærke 4 i 30 minutter, indtil den er godt hævet og gyldenbrun og begynder at krympe fra siderne af gryden.

Mandel- og honningbarer

10 siden

15 g / ½ oz frisk gær eller 20 ml / 4 teskefulde tørgær

45 ml / 3 spsk pulveriseret sukker (superfint)

120 ml / 4 fl oz / ½ kop varm mælk

300 g / 11 oz / 2¾ kopper almindeligt mel (alle formål)

en knivspids salt

1 æg, let pisket

50 g / 2 oz / ¼ kop smør eller margarine, blødgjort

300 ml / ½ pt / 1¼ kopper dobbelt creme (tung)

30 ml / 2 spsk flormelis (konditorer), sigtet

45 ml / 3 spsk lys honning

300 g / 11 oz / 2¾ kopper mandler i flager (skåret i skiver)

Bland gær, 5 ml / 1 tsk melis og lidt mælk og lad det stå et lunt sted i 20 minutter, indtil det er skummende. Bland resten af sukkeret med mel og salt og lav en fordybning i midten. Bland gradvist æg, smør eller margarine, gærblanding og den resterende varme mælk i, og bland til en jævn masse. Ælt på en let meldrysset overflade, indtil den er glat og elastisk. Læg den i en oliesmurt skål, dæk med olieret husholdningsfilm (plastfolie) og lad den stå et lunt sted i 45 minutter, indtil den er dobbelt så stor.

Ælt dejen igen, rul derefter ud og læg i en smurt 30 x 20 cm / 12 x 8 i gryde (form), prik det hele med en gaffel, dæk til og lad det stå et lunt sted i 10 minutter.

Kom 120 ml / 4 fl oz / ½ kop fløde, flormelis og honning i en lille gryde og bring det i kog. Tag af varmen og bland med mandlerne. Fordel over dejen, og bag den derefter i en forvarmet ovn ved 200°C/400°F/gasmærke 6 i 20 minutter, indtil den er gyldenbrun og fjedrende at røre ved, og dæk med bagepapir (voks), hvis toppen begynder at brune for tidligt. slutningen af madlavningen. Sluk og lad afkøle.

Skær kagen i halve vandret. Pisk den resterende fløde stiv og fordel den over den nederste halvdel af kagen. Top med mandeldækket kagehalvdel og skær i stænger.

Æble- og solbærsmuldrestænger

12 siden

175 g / 6 oz / 1½ kopper almindeligt mel (alle formål)

5 ml / 1 tsk bagepulver

en knivspids salt

175 g / 6 oz / ¾ kop smør eller margarine

225 g / 8 oz / 1 kop blødt brun farin

100 g / 4 oz / 1 kop havregryn

450 g / 1 lb kogende (tærte) æbler, skrællet, udkernet og skåret i skiver

30 ml / 2 spsk majsmel (majsstivelse)

10 ml / 2 tsk stødt kanel

2,5 ml / ½ tsk revet muskatnød

2,5 ml / ½ tsk malet allehånde

225 g / 8 oz solbær

Bland mel, bagepulver og salt sammen, og gnid derefter smør eller margarine i. Tilsæt sukker og havre. Hæld halvdelen i bunden af en 9/25 cm firkantet kageform, smurt og foret. Bland æbler, majsstivelse og krydderier og fordel. Top med solbærene. Hæld den resterende blanding i og niveller toppen. Bages i en forvarmet ovn ved 180°C/350°F/gasmærke 4 i 30 minutter, indtil den er elastisk. Lad afkøle, og skær derefter i stænger.

Abrikos og havre barer

Gør 24

75 g / 3 oz / ½ kop tørrede abrikoser

25 g / 1 oz / 3 spsk sultanas (gyldne rosiner)

250 ml / 8 fl oz / 1 kop vand

5 ml / 1 tsk citronsaft

150 g / 5 oz / 2/3 kop blødt brun farin

50 g / 2 oz / ½ kop tørret kokosnød (revet)

50 g / 2 oz / ½ kop almindeligt mel (alle formål)

2,5 ml / ½ tsk natron (bagepulver)

100 g / 4 oz / 1 kop havregryn

50 g / 2 oz / ¼ kop smør, smeltet

Kom abrikoser, rosiner, vand, citronsaft og 30ml / 2 spsk brun farin i en lille gryde og rør ved svag varme, indtil det er tyknet. Tilsæt kokos og lad afkøle. Bland mel, bagepulver, havre og det resterende sukker sammen, og bland derefter det smeltede smør i. Tryk halvdelen af havreblandingen i bunden af en smurt 20 cm / 8 tommer firkantet bradepande, og fordel derefter abrikosblandingen ovenpå. Top med den resterende havreblanding og tryk let. Bages i en forvarmet ovn ved 180°C/350°F/gasmærke 4 i 30 minutter, indtil de er gyldenbrune. Lad afkøle, og skær derefter i stænger.

Abrikossprød

Gør 16

100 g / 4 oz / 2/3 kop spiseklare tørrede abrikoser

120 ml / 4 fl oz / ½ kop appelsinjuice

100 g / 4 oz / ½ kop smør eller margarine

75 g / 3 oz / ¾ kop fuldkornshvedemel (fuld hvede)

75 g / 3 oz / ¾ kop havregryn

75 g / 3 oz / 1/3 kop demerara sukker

Udblød abrikoserne i appelsinjuicen i mindst 30 minutter, indtil de er bløde, og dræn derefter og hak. Gnid smørret eller margarinen ind i melet, indtil blandingen minder om brødkrummer. Tilsæt havre og sukker. Tryk halvdelen af blandingen i en smurt 30 x 20 cm / 12 x 8 svejtserrulleform (muffinform) og drys med abrikoserne. Fordel den resterende blanding ovenpå og tryk forsigtigt. Bages i en forvarmet ovn ved 180°C/350°F/gasmærke 4 i 25 minutter, indtil de er gyldenbrune. Lad den køle af i formen, inden den fjernes og skæres i stænger.

Bananbarer med nødder

omkring 14 år siden

50 g / 2 oz / ¼ kop smør eller margarine, blødgjort

75 g / 3 oz / 1/3 kop pulveriseret (superfint) sukker eller blødt brun farin

2 store bananer, hakket

175 g / 6 oz / 1½ kopper almindeligt mel (alle formål)

7,5 ml / 1½ tsk bagepulver

2 sammenpisket æg

50 g / 2 oz / ½ kop valnødder, hakket

Fløde smør eller margarine og sukker. Mos plantainerne og rør dem i blandingen. Bland mel og bagepulver. Tilsæt mel, æg og valnødder til bananblandingen og pisk godt. Hæld i en smurt og foret 18 x 28 cm / 7 x 11 i kageform, plan overfladen og bag i en forvarmet ovn ved 160 °C / 325 °F / gasmærke 3 i 30-35 minutter, indtil den er stiv. røre ved Lad afkøle et par minutter i formen, og læg derefter på en rist for at afslutte afkølingen. Skær i cirka 14 barer.

Amerikanske Brownies

omkring 15 år siden

2 store æg

225 g / 8 oz / 1 kop pulveriseret sukker (superfint)

50 g / 2 oz / ¼ kop smør eller margarine, smeltet

2,5 ml / ½ tsk vanilje essens (ekstrakt)

75 g / 3 oz / ¾ kop almindeligt mel (alle formål)

45 ml / 3 spsk kakaopulver (usødet chokolade)

2,5 ml / ½ tsk bagepulver

en knivspids salt

50 g / 2 oz / ½ kop valnødder, hakket

Pisk æg og sukker til det er tykt og cremet. Pisk smørret og vaniljeessensen. Sigt mel, kakao, bagepulver og salt sammen og bland med nødderne. Vend i en godt smurt 20 cm / 8 tommer firkantet kageform. Bages i en forvarmet ovn ved 180°C/350°F/gasmærke 4 i 40 til 45 minutter, indtil den er elastisk at røre ved. Lad stå i formen i 10 minutter, skær derefter i firkanter og flyt dem over på en rist, mens de stadig er varme.

Chokolade Fudge Brownies

Gør omkring 16

225 g / 8 oz / 1 kop smør eller margarine

175 g / 6 oz / ¾ kop granuleret sukker

350 g / 12 oz / 3 kopper selvhævende mel

30 ml / 2 spsk kakaopulver (usødet chokolade)

Til glasuren (frosting):
175 g / 6 oz / 1 kop flormelis (konditorsukker), sigtet

30 ml / 2 spsk kakaopulver (usødet chokolade)

Kogende vand

Smelt smør eller margarine, og tilsæt derefter perlesukker. Tilsæt mel og kakao. Tryk på en 18 x 28 cm / 7 x 11 in. foret bradepande. Bages i en forvarmet ovn ved 180°C/350°F/gasmærke 4 i ca. 20 minutter, indtil den er elastisk at røre ved.

For at lave glasuren sigtes flormelis og kakao i en skål og tilsæt en dråbe kogende vand. Rør, indtil det er godt blandet, tilsæt en dråbe vand, hvis det er nødvendigt. Is brownies mens de stadig er varme (men ikke varme), og lad dem derefter køle af, før de skæres i firkanter.

Chokolade og valnødde brownies

12 siden

50 g / 2 oz / ½ kop almindelig (halvsød) chokolade

75 g / 3 oz / 1/3 kop smør eller margarine

225 g / 8 oz / 1 kop pulveriseret sukker (superfint)

75 g / 3 oz / ¾ kop almindeligt mel (alle formål)

75 g / 3 oz / ¾ kop valnødder, hakket

50 g / 2 oz / ½ kop chokoladechips

2 sammenpisket æg

2,5 ml / ½ tsk vanilje essens (ekstrakt)

Smelt chokolade og smør eller margarine i en varmefast skål over en gryde med kogende vand. Fjern fra varmen og tilsæt de resterende ingredienser. Anbring i en smurt og foret 20 cm / 8 kageform og bag i en forvarmet ovn ved 180 °C / 350 °F / gasmærke 4 i 30 minutter, indtil et spyd, der er sat i midten, kommer rent ud. Lad afkøle i formen og skær derefter i firkanter.

Smørstænger

Gør 16

100 g / 4 oz / ½ kop smør eller margarine, blødgjort

100 g / 4 oz / ½ kop pulveriseret sukker (superfint)

1 æg, adskilt

100 g / 4 oz / 1 kop almindeligt mel (alle formål)

25 g / 1 oz / ¼ kop hakkede blandede nødder

Fløde smør eller margarine og sukker til det er lyst og luftigt. Bland æggeblommen i, tilsæt derefter mel og valnødder til en ret stiv blanding. Hvis den er for stiv, tilsæt lidt mælk; hvis det er flydende, tilsæt lidt mere mel. Læg dejen i en smurt 30 x 20 cm schweizerrulleform (gelérullepande). Pisk æggehviden til den er skummende og fordel den over blandingen. Bages i en forvarmet ovn ved 180°C/350°F/gasmærke 4 i 30 minutter, indtil de er gyldenbrune. Lad afkøle, og skær derefter i stænger.

kirsebær- og karamelbakke

12 siden

100 g / 4 oz / 1 kop mandler

225 g / 8 oz / 1 kop glaserede (kandiserede) kirsebær, skåret i halve

225 g / 8 oz / 1 kop smør eller margarine, blødgjort

225 g / 8 oz / 1 kop pulveriseret sukker (superfint)

3 sammenpisket æg

100 g / 4 oz / 1 kop selvhævende mel

50 g / 2 oz / ½ kop malede mandler

5 ml / 1 tsk bagepulver

5 ml / 1 tsk mandelessens (ekstrakt)

Drys mandler og kirsebær på bunden af en smurt og foret 20 cm/8" pande. Smelt 50 g / 2 oz / ¼ kop smør eller margarine med 50 g / 2 oz / ¼ kop sukker, og hæld derefter over kirsebær og valnødder. Pisk resten af smørret eller margarinen og sukkeret let og luftigt, pisk derefter æggene og bland mel, malede mandler, bagepulver og mandelessens i. Hæld blandingen i formen og niveller toppen. Bages i en forvarmet ovn ved 160°C/325°F/gasmærke 3 i 1 time. Lad afkøle i formen i et par minutter, og vend derefter forsigtigt på en rist, og skrab om nødvendigt toppen af foringspapiret ned. Lad køle helt af inden skæring.

chokolade chip bakke

Gør 24

100 g / 4 oz / ½ kop smør eller margarine, blødgjort

100 g / 4 oz / ½ kop blødt brun farin

50 g / 2 oz / ¼ kop pulveriseret sukker (superfint)

1 æg

5 ml / 1 tsk vaniljeessens (ekstrakt)

100 g / 4 oz / 1 kop almindeligt mel (alle formål)

2,5 ml / ½ tsk natron (bagepulver)

en knivspids salt

100 g / 4 oz / 1 kop chokoladechips

Pisk smør eller margarine og sukker, indtil det er lyst og luftigt, og tilsæt derefter gradvist æg og vaniljeessens. Tilsæt mel, bagepulver og salt. Tilsæt chokoladechipsene. Hæld i et meldrysset og smurt 25 cm/12 firkantet bradefad (form) og bag i en forvarmet ovn ved 190°C/375°F/gasmærke 2 i 15 minutter, indtil de er gyldenbrune. Lad afkøle, og skær derefter i firkanter.

kanel crumble lag

12 siden

Til basen:

100 g / 4 oz / ½ kop smør eller margarine, blødgjort

30 ml / 2 spsk lys honning

2 æg, let pisket

100 g / 4 oz / 1 kop almindeligt mel (alle formål)

Til crumblen:

75 g / 3 oz / 1/3 kop smør eller margarine

75 g / 3 oz / ¾ kop almindeligt mel (alle formål)

75 g / 3 oz / ¾ kop havregryn

5 ml / 1 tsk stødt kanel

50 g / 2 oz / ¼ kop demerara sukker

Fløde smør eller margarine og honning til det er let og luftigt. Tilsæt gradvist æggene og tilsæt derefter melet. Hæld halvdelen af blandingen i en smurt 20 cm / 8 tommer firkantet pande (blik) og jævn overfladen.

For at lave crumblen skal du gnide smørret eller margarinen ind i melet, indtil blandingen ligner brødkrummer. Tilsæt havre, kanel og sukker. Hæld halvdelen af crumblen i gryden, top med den resterende kageblanding, derefter resten af crumblen. Bag i en forvarmet ovn ved 190°C / 375°F / gasmærke 5 i ca. 35 minutter, indtil et spyd, der stikkes i midten, kommer rent ud. Lad afkøle, og skær derefter i stænger.

klistrede kanelstænger

Gør 16

225 g / 8 oz / 2 kopper almindeligt mel (alle formål)

10 ml / 2 teskefulde bagepulver

225 g / 8 oz / 1 kop blødt brun farin

15 ml / 1 spsk smeltet smør

250 ml / 8 fl oz / 1 kop mælk

30 ml / 2 spsk demerara sukker

10 ml / 2 tsk stødt kanel

25 g / 1 oz / 2 spsk smør, koldt og skåret i tern

Bland mel, bagepulver og sukker. Tilsæt det smeltede smør og mælk og bland godt. Tryk blandingen i to 23 cm / 9-tommers firkantede kageforme. Drys toppen med demerara sukker og kanel, og tryk derefter stykker af smør i overfladen. Bages i en forvarmet ovn ved 180°C/350°F/gasmærke 4 i 30 minutter. Smørret prikker huller i blandingen og bliver klistret, mens det koger.

kokosbarer

Gør 16

75 g / 3 oz / 1/3 kop smør eller margarine

100 g / 4 oz / 1 kop almindeligt mel (alle formål)

30 ml / 2 spsk pulveriseret sukker (superfint)

2 æg

100 g / 4 oz / ½ kop blødt brun farin

en knivspids salt

175 g / 6 oz / 1½ kopper tørret kokosnød (revet)

50 g / 2 oz / ½ kop hakkede blandede nødder

orange glasur

Gnid smørret eller margarinen ind i melet, indtil blandingen minder om brødkrummer. Tilsæt sukkeret og pres det i en usmurt 23 cm / 9 tommer firkantet bradepande. Bages i en forvarmet ovn ved 190°C/350°F/gasmærke 4 i 15 minutter, indtil den er stivnet.

Bland æg, farin og salt, tilsæt derefter kokos og valnødder og fordel ud over bunden. Bages i 20 minutter, indtil de er sat og gyldne. Is med orange glasur, når den er kold. Skær i stænger.

Sandwichbarer med kokos og marmelade

Gør 16

25 g / 1 oz / 2 spsk smør eller margarine

175 g / 6 oz / 1½ kopper selvhævende mel

225 g / 8 oz / 1 kop pulveriseret sukker (superfint)

2 æggeblommer

75 ml / 5 spiseskefulde vand

175 g / 6 oz / 1½ kopper tørret kokosnød (revet)

4 æggehvider

50 g / 2 oz / ½ kop almindeligt mel (alle formål)

100 g / 4 oz / 1/3 kop jordbærsyltetøj (reserve)

Gnid smørret eller margarinen ind i det selvhævende mel, og tilsæt derefter 50 g / 2 oz / ¼ kop sukker. Pisk æggeblommer og 45 ml / 3 spsk vand og bland i blandingen. Pres ned i bunden af en smurt 30 x 20 cm / 12 x 8 svejtserrullepande (gelérullepande) og prik med en gaffel. Bages i en forvarmet ovn ved 180°C/350°F/gasmærke 4 i 12 minutter. Lad afkøle.

Kom kokosnødden, resten af sukkeret og vandet og den ene æggehvide i en gryde og rør ved svag varme, indtil blandingen bliver klumpet uden at brune. Lad afkøle. Tilsæt det almindelige mel. Pisk de resterende æggehvider stive, og vend dem derefter i blandingen. Fordel marmeladen over bunden, og fordel derefter med kokostoppingen. Bages i ovnen i 30 minutter, indtil de er gyldenbrune. Lad den køle af i formen, inden den skæres i stænger.

Dadel- og æblebageplade

12 siden

1 koge (tærte) æble, skrællet, udkeret og hakket

225 g / 8 oz / 1 1/3 kopper udstenede (udstenede) dadler, hakket

150 ml / ¼ pt / 2/3 kop vand

350 g / 12 oz / 3 kopper havregryn

175 g / 6 oz / ¾ kop smør eller margarine, smeltet

45 ml / 3 spsk demerara sukker

5 ml / 1 tsk stødt kanel

Kom æbler, dadler og vand i en gryde og lad det simre i cirka 5 minutter, indtil æblerne er bløde. Lad afkøle. Bland havre, smør eller margarine, sukker og kanel. Hæld halvdelen i en smurt 20 cm / 8 tommer firkantet kageform og jævn overfladen. Top med æble-dadelblandingen, top derefter med den resterende havreblanding og jævn overfladen. Tryk forsigtigt ned. Bages i en forvarmet ovn ved 190°C/375°F/gasmærke 5 i ca. 30 minutter, indtil de er gyldenbrune. Lad afkøle, og skær derefter i stænger.

dadelskiver

12 siden

225 g / 8 oz / 1 1/3 kopper udstenede (udstenede) dadler, hakket

30 ml / 2 spsk lys honning

30 ml / 2 spsk citronsaft

225 g / 8 oz / 1 kop smør eller margarine

225 g / 8 oz / 2 kopper fuldkornshvedemel (fuld hvede)

225 g / 8 oz / 2 kopper havregryn

75 g / 3 oz / 1/3 kop blødt brun farin

Svits dadler, honning og citronsaft ved svag varme i et par minutter, indtil dadlerne er bløde. Gnid smørret eller margarinen ind i mel og havre, indtil blandingen ligner brødkrummer, og tilsæt derefter sukkeret. Brug en ske til at hælde halvdelen af blandingen i en 20 cm/8 firkantet kageform, smurt og foret. Hæld dadelblandingen over toppen, og afslut med den resterende kageblanding. Tryk godt ned. Bages i en forvarmet ovn ved 190°C/375°F/gasmærke 5 i 35 minutter, indtil den er elastisk at røre ved. Lad afkøle i formen, skær i skiver, mens de stadig er varme.

Bedstemor Datingbarer

Gør 16

100 g / 4 oz / ½ kop smør eller margarine, blødgjort

225 g / 8 oz / 1 kop blødt brun farin

2 æg, let pisket

175 g / 6 oz / 1½ kopper almindeligt mel (alle formål)

2,5 ml / ½ tsk natron (bagepulver)

5 ml / 1 tsk stødt kanel

En knivspids malet nelliker

En knivspids revet muskatnød

175 g / 6 oz / 1 kop udstenede (udstenede) dadler, hakket

Fløde smør eller margarine og sukker til det er lyst og luftigt. Tilsæt gradvist æggene, pisk godt efter hver tilsætning. Tilsæt de resterende ingredienser, indtil det er godt blandet. Hæld i en smurt og meldrysset 23 cm / 9 i firkantet bradepande (form) og bag i en forvarmet ovn ved 180°C / 350°F / gasmærke 4 i 25 minutter, indtil et spyd, der er indsat i midten, springer ud. Lad afkøle, og skær derefter i stænger.

Daddel- og havrestænger

Gør 16

175 g / 6 oz / 1 kop udstenede (udstenede) dadler, hakket

15 ml / 1 spsk lys honning

30 ml / 2 spsk vand

225 g / 8 oz / 2 kopper fuldkornshvedemel (fuld hvede)

100 g / 4 oz / 1 kop havregryn

100 g / 4 oz / ½ kop blødt brun farin

150 g / 5 oz / 2/3 kop smør eller margarine, smeltet

Svits dadler, honning og vand i en lille gryde, indtil dadler er bløde. Bland mel, havre og sukker sammen, og bland derefter det smeltede smør eller margarine i. Pres halvdelen af blandingen i en smurt 18 cm / 7 i firkantet kageform, drys med dadelblandingen, top derefter den resterende havreblanding og tryk forsigtigt. Bages i en forvarmet ovn ved 180°C/350°F/gasmærke 4 i 1 time, indtil den er fast og gylden. Lad afkøle i dåsen, skær i stænger, mens de stadig er varme.

Daddel- og valnøddestænger

12 siden

100 g / 4 oz / ½ kop smør eller margarine, blødgjort

150 g / 5 oz / 2/3 kop pulveriseret (superfint) sukker

1 æg, let pisket

100 g / 4 oz / 1 kop selvhævende mel

225 g / 8 oz / 11/3 kopper udstenede (udstenede) dadler, hakket

100 g / 4 oz / 1 kop valnødder, hakket

15 ml / 1 spsk mælk (valgfrit)

100 g / 4 oz / 1 kop almindelig (halvsød) chokolade

Fløde smør eller margarine og sukker til det er lyst og luftigt. Bland ægget i, derefter mel, dadler og valnødder, tilsæt lidt mælk, hvis blandingen er for stiv. Hæld i en smurt 30 x 20 cm / 12 x 8 i Swiss Roll-pande (gelérullepande) og bag i en forvarmet ovn ved 180 °C / 350 °F / gasmærke 4 i 30 minutter, indtil den er elastisk at røre ved. Lad afkøle.

Smelt chokoladen i en varmefast skål placeret over en gryde med kogende vand. Fordel over blandingen og lad afkøle og sætte sig. Skær i stænger med en skarp kniv.

figenstænger

Gør 16

225 g / 8 oz friske figner, hakket

30 ml / 2 spsk lys honning

15 ml / 1 spsk citronsaft

225 g / 8 oz / 2 kopper fuldkornshvedemel (fuld hvede)

225 g / 8 oz / 2 kopper havregryn

225 g / 8 oz / 1 kop smør eller margarine

75 g / 3 oz / 1/3 kop blødt brun farin

Svits figner, honning og citronsaft ved svag varme i 5 minutter. Lad afkøle lidt. Bland mel og havre, gnid derefter smør eller margarine i og tilsæt sukker. Pres halvdelen af blandingen i en smurt 20 cm/8in firkantet form (form), og hæld derefter figenblandingen over toppen. Top med den resterende kageblanding og tryk godt. Bages i en forvarmet ovn ved 180°C/350°F/gasmærke 4 i 30 minutter, indtil de er gyldenbrune. Lad afkøle i formen, og skær derefter i skiver, mens den stadig er varm.

flapjacks

Gør 16

75 g / 3 oz / 1/3 kop smør eller margarine

50 g / 2 oz / 3 spsk gylden sirup (lys majs)

100 g / 4 oz / ½ kop blødt brun farin

175 g / 6 oz / 1½ kopper havregryn

Smelt smør eller margarine med sirup og sukker, og tilsæt derefter havren. Tryk i en smurt 20 cm/8 tommer firkantet gryde og bag i en forvarmet ovn ved 180°C/350°F/gasmærke 4 i ca. 20 minutter, indtil de er let gylden. Lad den køle lidt af, før du skærer den i stænger, og lad den køle helt af i dåsen, inden den tages ud.

cherry flapjacks

Gør 16

75 g / 3 oz / 1/3 kop smør eller margarine

50 g / 2 oz / 3 spsk gylden sirup (lys majs)

100 g / 4 oz / ½ kop blødt brun farin

175 g / 6 oz / 1½ kopper havregryn

100 g / 4 oz / 1 kop glaserede (kandiserede) kirsebær, hakket

Smelt smør eller margarine med sirup og sukker, og tilsæt derefter havre og kirsebær. Tryk i en smurt 20 cm/8-tommer firkantet kageform (form) og bag i en forvarmet ovn ved 180°C/350°F/gasmærke 4 i ca. 20 minutter, indtil den er let gylden. Lad den køle lidt af, før du skærer den i stænger, og lad den køle helt af i dåsen, inden den tages ud.

chokolade flapjack

Gør 16

75 g / 3 oz / 1/3 kop smør eller margarine

50 g / 2 oz / 3 spsk gylden sirup (lys majs)

100 g / 4 oz / ½ kop blødt brun farin

175 g / 6 oz / 1½ kopper havregryn

100 g / 4 oz / 1 kop chokoladechips

Smelt smør eller margarine med sirup og sukker, og tilsæt derefter havre og chokoladechips. Tryk i en smurt 20 cm/8-tommer firkantet kageform (form) og bag i en forvarmet ovn ved 180°C/350°F/gasmærke 4 i ca. 20 minutter, indtil den er let gylden. Lad den køle lidt af, før du skærer den i stænger, og lad den køle helt af i dåsen, inden den tages ud.

frugt flapjacks

Gør 16

75 g / 3 oz / 1/3 kop smør eller margarine

100 g / 4 oz / ½ kop blødt brun farin

50 g / 2 oz / 3 spsk gylden sirup (lys majs)

175 g / 6 oz / 1½ kopper havregryn

75 g / 3 oz / ½ kop rosiner, rosiner eller anden tørret frugt

Smelt smør eller margarine med sukker og sirup, og tilsæt derefter havre og rosiner. Tryk i en smurt 20 cm/8-tommer firkantet kageform (form) og bag i en forvarmet ovn ved 180°C/350°F/gasmærke 4 i ca. 20 minutter, indtil den er let gylden. Lad den køle lidt af, inden den skæres i stænger, og lad den derefter køle helt af i formen, inden den tages ud.

Frugt- og nøddeflapjacks

Gør 16

75 g / 3 oz / 1/3 kop smør eller margarine

100 g / 4 oz / 1/3 kop lys honning

50 g / 2 oz / 1/3 kop rosiner

50 g / 2 oz / ½ kop valnødder, hakket

175 g / 6 oz / 1½ kopper havregryn

Smelt smør eller margarine med honningen ved svag varme. Tilsæt rosiner, nødder og havre og bland godt. Hæld i en smurt 23 cm/9-tommer firkantet kageform og bag i en forvarmet ovn ved 180°C/350°F/gasmærke 4 i 25 minutter. Lad afkøle i dåsen, skær i stænger, mens de stadig er varme.

Honningkager Flapjacks

Gør 16

75 g / 3 oz / 1/3 kop smør eller margarine

100 g / 4 oz / ½ kop blødt brun farin

50 g / 2 oz / 3 spsk sirup fra en krukke med stilk ingefær

175 g / 6 oz / 1½ kopper havregryn

4 stykker stilk ingefær, finthakket

Smelt smør eller margarine med sukker og sirup, og tilsæt derefter havre og ingefær. Tryk i en smurt 20 cm/8-tommer firkantet kageform (form) og bag i en forvarmet ovn ved 180°C/350°F/gasmærke 4 i ca. 20 minutter, indtil den er let gylden. Lad den køle lidt af, før du skærer den i stænger, og lad den køle helt af i dåsen, inden den tages ud.

Valnød Flapjacks

Gør 16

75 g / 3 oz / 1/3 kop smør eller margarine

50 g / 2 oz / 3 spsk gylden sirup (lys majs)

100 g / 4 oz / ½ kop blødt brun farin

175 g / 6 oz / 1½ kopper havregryn

100 g / 4 oz / 1 kop hakkede blandede nødder

Smelt smør eller margarine med sirup og sukker, og tilsæt derefter havre og nødder. Tryk i en smurt 20 cm/8-tommer firkantet kageform (form) og bag i en forvarmet ovn ved 180°C/350°F/gasmærke 4 i ca. 20 minutter, indtil den er let gylden. Lad den køle lidt af, inden den skæres i stænger, og lad den derefter køle helt af i formen, inden den tages ud.

Skarpe citronsmørkager

Gør 16

100 g / 4 oz / 1 kop almindeligt mel (alle formål)

100 g / 4 oz / ½ kop smør eller margarine, blødgjort

75 g / 3 oz / ½ kop flormelis (konditorsukker), sigtet

2,5 ml / ½ tsk bagepulver

en knivspids salt

30 ml / 2 spsk citronsaft

10 ml / 2 tsk revet citronskal

Bland mel, smør eller margarine, flormelis og bagepulver. Tryk i en smurt 23 cm/9 tommer firkantet kageform og bag i en forvarmet ovn ved 180°C/350°F/gasmærke 4 i 20 minutter.

Bland de resterende ingredienser og pisk til det er let og luftigt. Placer på den varme bund, reducer ovntemperaturen til 160°C / 325°F / gasmærke 3 og sæt tilbage i ovnen i yderligere 25 minutter, indtil den er elastisk at røre ved. Lad afkøle, og skær derefter i firkanter.

Kokosmokka firkanter

20 siden

1 æg

100 g / 4 oz / ½ kop pulveriseret sukker (superfint)

100 g / 4 oz / 1 kop almindeligt mel (alle formål)

10 ml / 2 teskefulde bagepulver

en knivspids salt

75 ml / 5 spsk mælk

75 g / 3 oz / 1/3 kop smør eller margarine, smeltet

15 ml / 1 spsk kakaopulver (usødet chokolade)

2,5 ml / ½ tsk vanilje essens (ekstrakt)

Til dressingen:

75 g / 3 oz / ½ kop flormelis (konditorsukker), sigtet

50 g / 2 oz / ¼ kop smør eller margarine, smeltet

45 ml / 3 spsk varm stærk sort kaffe

15 ml / 1 spsk kakaopulver (usødet chokolade)

2,5 ml / ½ tsk vanilje essens (ekstrakt)

25 g / 1 oz / ¼ kop tørret kokosnød (revet)

Pisk æg og sukker lyst og luftigt. Tilsæt mel, bagepulver og salt skiftevis med mælk og smeltet smør eller margarine. Tilsæt essensen af kakao og vanilje. Hæld blandingen i en smurt 20 cm / 8 tommer firkantet form (form) og bag i en forvarmet ovn ved 200 °C / 400 °F / gasmærke 6 i 15 minutter, indtil den er godt hævet og fjedrende at røre ved.

For at lave overtræk skal du blande flormelis, smør eller margarine, kaffe, kakao og vaniljeessens. Fordel over den lune kage og drys med kokos. Lad den køle af i formen, tag formen ud og skær den i firkanter.

Hej Dolly Cookies

Gør 16

100 g / 4 oz / ½ kop smør eller margarine

100 g / 4 oz / 1 kop digestive kiks

(Graham cracker) krummer

100 g / 4 oz / 1 kop chokoladechips

100 g / 4 oz / 1 kop tørret kokosnød (revet)

100 g / 4 oz / 1 kop valnødder, hakket

400 g / 14 oz / 1 stor dåse kondenseret mælk

Smelt smør eller margarine og tilsæt småkagekrummer. Pres blandingen ned i bunden af en smurt og foliebeklædt kageform på 28 x 18 cm / 11 x 7. Drys med chokoladechips, derefter kokos og til sidst pekannødder. Hæld den kondenserede mælk ovenpå og bag i en forvarmet ovn ved 180°C / 350°F / gasmærke 4 i 25 minutter. Skær i stænger, mens de stadig er varme, og lad dem derefter køle helt af.

Kokosbarer med nødder og chokolade

12 siden

75 g / 3 oz / ¾ kop mælkechokolade

75 g / 3 oz / ¾ kop almindelig (halvsød) chokolade

75 g / 3 oz / 1/3 kop knasende jordnøddesmør

75 g / 3 oz / ¾ kop digestive cracker krummer (graham cracker)

75 g / 3 oz / ¾ kop valnødder, knust

75 g / 3 oz / ¾ kop tørret kokosnød (revet)

75 g / 3 oz / ¾ kop hvid chokolade

Smelt mælkechokoladen i en varmefast skål over en gryde med kogende vand. Fordel på bunden af en 23 cm / 7 tommer firkantet kageform og lad det stivne.

Smelt forsigtigt den naturlige chokolade og jordnøddesmør ved lav varme, og tilsæt derefter småkagekrummer, valnødder og kokosnød. Fordel den krøllede chokolade og stil den på køl, indtil den er stivnet.

Smelt den hvide chokolade i en varmefast skål placeret over en gryde med kogende vand. Dryp småkager i et mønster, og lad dem stivne, før de skæres i stænger.

valnøddefirkanter

12 siden

75 g / 3 oz / ¾ kop almindelig (halvsød) chokolade

50 g / 2 oz / ¼ kop smør eller margarine

100 g / 4 oz / ½ kop pulveriseret sukker (superfint)

2 æg

5 ml / 1 tsk vaniljeessens (ekstrakt)

75 g / 3 oz / ¾ kop almindeligt mel (alle formål)

2,5 ml / ½ tsk bagepulver

100 g / 4 oz / 1 kop hakkede blandede nødder

Smelt chokoladen i en varmefast skål over en gryde med kogende vand. Tilsæt smørret, indtil det er smeltet, og tilsæt derefter sukkeret. Tag af varmen og pisk æg og vaniljeessens. Tilsæt mel, bagepulver og nødder. Hæld blandingen i en smurt 25 cm / 10 i firkantet form (form) og bag i en forvarmet ovn ved 180 °C / 350 °F / gasmærke 4 i 15 minutter, indtil den er gyldenbrun. Skær terninger, mens de stadig er varme.

Valnøddeappelsin skiver

Gør 16

375 g / 13 oz / 3¼ kopper almindeligt mel (alle formål)

275 g / 10 oz / 1¼ kopper pulveriseret (superfint) sukker

5 ml / 1 tsk bagepulver

75 g / 3 oz / 1/3 kop smør eller margarine

2 sammenpisket æg

175 ml / 6 fl oz / ¾ kop mælk

200 g / 7 oz / 1 lille dåse mandarin appelsiner, drænet og groft hakket

100 g / 4 oz / 1 kop pekannødder, hakket

Fint revet skal af 2 appelsiner

10 ml / 2 tsk stødt kanel

Bland 325 g / 12 oz / 3 kopper mel, 225 g / 8 oz / 1 kop sukker og bagepulveret. Smelt 50 g / 2 oz / ¼ kop smør eller margarine og tilsæt æg og mælk. Bland forsigtigt væsken i de tørre ingredienser, indtil den er glat. Tilsæt mandariner, pekannødder og appelsinskal. Hæld i et smurt og beklædt bradefad på 30 x 20 cm / 12 x 8. Gnid det resterende mel, sukker, smør og kanel i og drys over kagen. Bages i en forvarmet ovn ved 180°C/350°F/gasmærke 4 i 40 minutter, indtil de er gyldenbrune. Lad afkøle i formen, og skær derefter i cirka 16 skiver.

Kiks

giver 16 firkanter

100 g / 4 oz / ½ kop spæk (ghee)

100 g / 4 oz / ½ kop smør eller margarine

75 g / 3 oz / 1/3 kop blødt brun farin

100 g / 4 oz / 1/3 kop gylden sirup (lys majs)

100 g / 4 oz / 1/3 kop blackstrap melasse (melasse)

10 ml / 2 teskefulde bagepulver (bagepulver)

150 ml / ¼ pt / 2/3 kop mælk

225 g / 8 oz / 2 kopper fuldkornshvedemel (fuld hvede)

225 g / 8 oz / 2 kopper havre

10 ml / 2 teskefulde malet ingefær

2,5 ml / ½ tsk salt

Smelt spæk, smør eller margarine, sukker, sirup og melasse i en stegepande. Opløs natron i mælken og rør i gryden med de resterende ingredienser. Hæld i en smurt og foret 20 cm/8in firkantet kageform (pande) og bag i en forvarmet ovn ved 160°C/325°F/gasmærke 3 i 1 time, indtil den er stivnet. Den kan synke på midten. Lad afkøle, og opbevar derefter i en lufttæt beholder i et par dage, før den skæres i tern og serveres.

jordnøddesmørstænger

Gør 16

100 g / 4 oz / 1 kop smør eller margarine

175 g / 6 oz / 1¼ kopper almindeligt mel (alle formål)

175 g / 6 oz / ¾ kop blødt brun farin

75 g / 3 oz / 1/3 kop jordnøddesmør

en knivspids salt

1 lille æggeblomme, pisket

2,5 ml / ½ tsk vanilje essens (ekstrakt)

100 g / 4 oz / 1 kop almindelig (halvsød) chokolade

50 g / 2 oz / 2 kopper puffede riskorn

Gnid smørret eller margarinen ind i melet, indtil blandingen minder om brødkrummer. Tilsæt sukker, 30 ml / 2 spsk jordnøddesmør og saltet. Tilsæt æggeblomme og vaniljeessens og bland, indtil det er godt blandet. Tryk i en 25 cm/10-tommer firkantet kageform. Bages i en forvarmet ovn ved 160°C/325°F/gasmærke 3 i 30 minutter, indtil den er hævet og fjedrende at røre ved.

Smelt chokoladen i en varmefast skål over en gryde med kogende vand. Fjern fra varmen og tilsæt det resterende jordnøddesmør. Tilsæt grynene og bland godt, indtil det er dækket af chokoladeblandingen. Hæld over kagen og plan overflade. Lad afkøle, afkøle og skær i stænger.

picnic skiver

12 siden

225 g / 8 oz / 2 kopper almindelig (halvsød) chokolade

50 g / 2 oz / ¼ kop smør eller margarine, blødgjort

100 g / 4 oz / ½ kop pulveriseret sukker

1 æg, let pisket

100 g / 4 oz / 1 kop tørret kokosnød (revet)

50 g / 2 oz / 1/3 kop sultanas (gyldne rosiner)

50 g / 2 oz / ¼ kop glaserede (kandiserede) kirsebær, hakket

Smelt chokoladen i en varmefast skål placeret over en gryde med kogende vand. Hæld i bunden af en smurt og foret 30 x 20 cm (12 x 8) svejtserrulleform (muffinform). Fløde smør eller margarine og sukker til det er lyst og luftigt. Tilsæt gradvist ægget, og bland derefter kokos, rosiner og kirsebær i. Fordel over chokoladen og bag i en forvarmet ovn ved 150°C/300°F/gasmærke 3 i 30 minutter, indtil den er gyldenbrun. Lad afkøle, og skær derefter i stænger.

Ananas og kokos barer

20 siden

1 æg

100 g / 4 oz / ½ kop pulveriseret sukker (superfint)

75 g / 3 oz / ¾ kop almindeligt mel (alle formål)

5 ml / 1 tsk bagepulver

en knivspids salt

75 ml / 5 spiseskefulde vand

Til dressingen:

200 g / 7 oz / 1 lille dåse ananas, drænet og hakket

25 g / 1 oz / 2 spsk smør eller margarine

50 g / 2 oz / ¼ kop pulveriseret sukker (superfint)

1 æggeblomme

25 g / 1 oz / ¼ kop tørret kokosnød (revet)

5 ml / 1 tsk vaniljeessens (ekstrakt)

Pisk æg og sukker til det er glat og bleg. Tilsæt mel, bagepulver og salt skiftevis med vandet. Hæld i en smurt og meldrysset firkantet kageform og bag i en forvarmet ovn ved 200°C/400°F/gasmærke 6 i 20 minutter, indtil den er godt hævet og fjedrende at røre ved. Hæld ananassen over den varme kage. Opvarm de resterende ingredienser til topping i en lille gryde ved lav varme, under konstant omrøring, indtil blandingen er godt blandet uden at bringe blandingen i kog. Hæld ananassen over ananassen, og sæt kagen tilbage i ovnen i yderligere 5 minutter, indtil toppingen er gyldenbrun. Lad afkøle i formen i 10 minutter, og læg derefter på en rist for at afslutte afkøling, inden du skærer i stænger.

blommegærkage

Gør 16

15 g / ½ oz frisk gær eller 20 ml / 4 teskefulde tørgær

50 g / 2 oz / ¼ kop pulveriseret sukker (superfint)

150 ml / ¼ pt / 2/3 kop varm mælk

50 g / 2 oz / ¼ kop smør eller margarine, smeltet

1 æg

1 æggeblomme

250 g / 9 oz / 2¼ kopper almindeligt mel (alle formål)

5 ml / 1 tsk fintrevet citronskal

675 g / 1½ lb blommer i kvarte og udstenede (udstenede)

Pulveriseret (konditor) sukker, sigtet, til afstøvning

Stødt kanel

Bland gæren med 5 ml / 1 tsk sukker og lidt lunken mælk og lad den stå et lunt sted i 20 minutter, indtil den er skummende. Pisk resten af sukkeret og mælken med det smeltede smør eller margarine, ægget og æggeblommen. Bland mel og citronskal i en skål og lav en fordybning i midten. Bland gradvist gærblandingen og æggeblandingen til en jævn dej. Pisk indtil dejen er meget glat og der begynder at dannes bobler på overfladen. Pres forsigtigt ned i en 25 cm meldrysset og smurt firkantet form (form). Læg blommerne sammen ovenpå dejen. Dæk til med olieret husholdningsfilm (plastfolie) og lad det stå et lunt sted i 1 time, indtil det er dobbelt så stort. Anbring i en ovn forvarmet til 200°C/400°F/gasmærke 6, sænk derefter straks ovntemperaturen til 190°C/375°F/gasmærke 5 og bag i 45 minutter. Reducer ovntemperaturen igen til 180°C/350°F/gasmærke 4 og bag i yderligere 15 minutter, indtil den er gyldenbrun. Drys kagen med flormelis og kanel mens den stadig er varm, lad den køle af og skær i firkanter.

amerikanske græskarbarer

20 siden

2 æg

175 g / 6 oz / ¾ kop pulveriseret sukker (superfint)

120 ml / 4 fl oz / ½ kop olie

8 oz / 225 g græskar, kogt og skåret i tern

100 g / 4 oz / 1 kop almindeligt mel (alle formål)

5 ml / 1 tsk bagepulver

5 ml / 1 tsk stødt kanel

2,5 ml / ½ tsk natron (bagepulver)

50 g / 2 oz / 1/3 kop sultanas (gyldne rosiner)

Flødeost frosting

Pisk æggene lyse og luftige, tilsæt derefter sukker og olie og tilsæt græskarret. Pisk mel, bagepulver, kanel og natron sammen, indtil det er godt blandet. Tilsæt sultanas. Hæld blandingen i en meldrysset og smurt 30 x 20 cm / 12 x 8 schweizisk muffinform (gelémuffinform) og bag i en forvarmet ovn ved 180 °C / 350 °F / gasmærke 4 i 30 minutter. indsat i midten kommer den ren ud. Lad afkøle, pensl med flødeostfrosting og skær i stænger.

Kvæde og mandelstænger

Gør 16

450 g / 1 pund kvæder

50 g / 2 oz / ¼ kop spæk (ghee)

50 g / 2 oz / ¼ kop smør eller margarine

100 g / 4 oz / 1 kop almindeligt mel (alle formål)

30 ml / 2 spsk pulveriseret sukker (superfint)

Cirka 30 ml / 2 spsk vand

Til fyldet:

75 g / 3 oz / 1/3 kop smør eller margarine, blødgjort

100 g / 4 oz / ½ kop pulveriseret sukker (superfint)

2 æg

Et par dråber mandelessens (ekstrakt)

100 g / 4 oz / 1 kop malede mandler

25 g / 1 oz / ¼ kop almindeligt mel (alle formål)

50 g / 2 oz / ½ kop mandler i flager (skåret i skiver)

Skræl, udkern og skær kvæderne i tynde skiver. Læg i en gryde og dæk med vand. Bring det i kog og lad det simre i cirka 15 minutter, indtil det er blødt. Dræn overskydende vand.

Gnid spæk og smør eller margarine ind i melet, indtil blandingen minder om brødkrummer. Tilsæt sukkeret. Tilsæt nok vand til at blive blandet til en jævn dej, rul derefter ud på en let meldrysset overflade og brug den til at beklæde bunden og siderne af en 30 x 20 cm / 12 x 8 i Swiss Roll-form (gelérullepande). Prik alt med en gaffel. Brug en hulske til at lægge kvæderne oven på dejen.

Flød smør eller margarine og sukker, og tilsæt derefter gradvist æg og mandelessens. Tilsæt de malede mandler og melet og læg på kvæderne. Drys de skivede mandler ovenpå og bag dem i en forvarmet ovn ved 180°C/350°F/gasmærke 4 i 45 minutter, indtil de er faste og gyldne. Skær i firkanter, når de er kolde.

rosin barer

12 siden

175 g / 6 oz / 1 kop rosiner

250 ml / 8 fl oz / 1 kop vand

75 ml / 5 spiseskefulde olie

225 g / 8 oz / 1 kop pulveriseret sukker (superfint)

1 æg, let pisket

200 g / 7 oz / 1¾ kopper almindeligt mel (alle formål)

1,5 ml / ¼ tsk salt

5 ml / 1 tsk natron (bagepulver)

5 ml / 1 tsk stødt kanel

2,5 ml / ½ tsk revet muskatnød

2,5 ml / ½ tsk malet allehånde

En knivspids malet nelliker

50 g / 2 oz / ½ kop chokoladechips

50 g / 2 oz / ½ kop valnødder, hakket

30 ml / 2 spsk flormelis (konditorer), sigtet

Bring rosinerne og vandet i kog, tilsæt derefter olien, tag det af varmen og lad det køle lidt af. Tilsæt pulveriseret sukker og æg. Bland mel, salt, bagepulver og krydderier. Blend med rosinblandingen, og tilsæt derefter chokoladechips og valnødder. Hæld i en smurt 30 cm / 12 tommer firkantet form (form) og bag i en forvarmet ovn ved 190 °C / 375 °F / gasmærke 5 i 25 minutter, indtil kagen begynder at krympe fra siderne af formen. Lad det køle af, før det drysses med flormelis og skæres i stænger.

Banan brune sukkerstænger

12 siden

75 g / 3 oz / 1/3 kop smør eller margarine

225 g / 8 oz / 1 kop blødt brun farin

1 stort æg, let pisket

150 g / 5 oz / 1¼ kopper almindeligt mel (alle formål)

5 ml / 1 tsk bagepulver

en knivspids salt

100 g / 4 oz / 1 kop chokoladechips

50 g / 2 oz / ½ kop tørrede plantain chips, groft hakket

Smelt smør eller margarine, tag derefter af varmen og tilsæt sukker. Lad afkøle til det er lunkent. Pisk gradvist ægget i, og tilsæt derefter de resterende ingredienser til en ret stiv dej. Hvis den er for stiv, tilsæt lidt mælk. Hæld i en smurt 18 cm/7-tommer firkantet kageform og bag i en forvarmet ovn ved 140°C/275°F/gasmærke 1 i 1 time, indtil den er sprød på toppen. Lad stå i formen, indtil den er varm, skær den derefter i stænger og løft ud for at afslutte afkøling på en rist. Blandingen vil være ret klistret, indtil den er afkølet.

Solsikke- og valnøddestænger

18 siden

150 g / 5 oz / 2/3 kop smør eller margarine

45 ml / 3 spsk lys honning

Et par dråber mandelessens (ekstrakt)

275 g / 10 oz / 2½ kopper havregryn

25 g / 1 oz / ¼ kop mandler i flager (skåret i skiver)

25 g / 1 oz / 2 spsk solsikkekerner

25 g / 1 oz / 2 spsk sesamfrø

50 g / 2 oz / 1/3 kop rosiner

Smelt smørret eller margarinen med honningen, tilsæt derefter alle de resterende ingredienser og bland godt. Hæld i en smurt 20 cm / 8 tommer firkantet kageform (form) og jævn overfladen. Tryk forsigtigt blandingen ned. Bages i en forvarmet ovn ved 190°C/375°F/gasmærke 5 i 20 minutter. Lad køle lidt, skær derefter i stænger og fjern fra panden, når det er afkølet.

slik firkanter

Gør 16

75 g / 3 oz / ¾ kop almindeligt mel (alle formål)

50 g / 2 oz / ¼ kop smør eller margarine, blødgjort

25 g / 1 oz / 2 spsk blødt brun farin

en knivspids salt

1,5 ml / ¼ tsk bagepulver (bagepulver)

30 ml / 2 spsk mælk

Til dressingen:

75 g / 3 oz / 1/3 kop smør eller margarine

75 g / 3 oz / 1/3 kop blødt brun farin

25 g / 1 oz / ¼ kop chokoladechips

Bland alle kageingredienserne, tilsæt lige nok mælk til at få en jævn konsistens. Tryk på en smurt 23 cm/9in firkantet kageform og bag i en forvarmet ovn ved 180°C/350°F/gasmærke 4 i 15 minutter, indtil den er gyldenbrun.

For at lave toppingen skal du smelte smør eller margarine og sukker i en lille gryde, bringe det i kog og derefter simre i 2 minutter under konstant omrøring. Hæld over bunden og sæt tilbage i ovnen i 5 minutter. Drys med chokoladechips og lad dem blive bløde i toppingen, mens kagen afkøles. Skær i stænger.

slikbakke

Gør 16

100 g / 4 oz / ½ kop smør eller margarine, blødgjort

100 g / 4 oz / ½ kop blødt brun farin

1 æggeblomme

50 g / 2 oz / ½ kop almindeligt mel (alle formål)

50 g / 2 oz / ½ kop havregryn

Til dressingen:

100 g / 4 oz / 1 kop almindelig (halvsød) chokolade

25 g / 1 oz / 2 spsk smør eller margarine

30 ml / 2 spsk hakkede valnødder

Pisk smør eller margarine, sukker og æggeblomme til det er glat. Tilsæt mel og havre. Tryk i en smurt 30 x 20 cm / 12 x 8 i svejtserrulleform (gelérullepande) og bag i en forvarmet ovn ved 190 °C / 375 °F / gasmærke 5 i 20 minutter.

For at lave toppingen skal du smelte chokoladen og smør eller margarine i en varmefast skål placeret over en gryde med kogende vand. Fordel over blandingen og drys med nødderne. Lad afkøle lidt, skær derefter i stænger og lad afkøle i dåsen.

Abrikos cheesecake

Laver en 23 cm / 9 tommer kage

225 g / 8 oz / 2 kopper honningkager småkage krummer (småkage)

30 ml / 2 spsk blødt brun farin

50 g / 2 oz / ¼ kop smør eller margarine, smeltet

Til fyldet:

15 g / ½ oz / 1 spsk pulveriseret gelatine

225 g / 8 oz / 1 kop pulveriseret sukker (superfint)

250 ml / 8 fl oz / 1 kop sirup fra dåsen med abrikoser

90ml / 6 spsk brandy eller abrikos brandy

45 ml / 3 spsk citronsaft

4 æg, adskilt

450 g / 1 lb / 2 kopper blød flødeost

250 ml / 8 fl oz / 1 kop flødeskum

Til dressingen:

400 g / 14 oz / 1 stor dåse abrikoshalvdele i sirup, drænet og opbevaret i sirup

90 ml / 6 spsk abrikos brandy

30 ml / 2 spsk majsmel (majsstivelse)

Rør småkagekrummerne og brun farin i det smeltede smør og tryk i bunden af en 9-tommer/23 cm løsbundet kageform. Bages i en forvarmet ovn ved 160°C/335°F/gasmærke 3 i 10 minutter. Fjern og lad afkøle.

For at lave fyldet, blend gelatine og halvdelen af sukkeret med abrikossirup, brandy og citronsaft. Kog ved lav varme i cirka 10 minutter under konstant omrøring, indtil det er tyknet. Tilsæt æggeblommerne. Fjern fra varmen og lad afkøle lidt. Pisk ost indtil glat. Bland langsomt gelatineblandingen ind i osten og afkøl den, indtil den er lidt fortykket. Pisk æggehviderne, indtil der dannes bløde toppe, og tilsæt derefter gradvist det resterende sukker, indtil blandingen er stiv og blank. Pisk fløden stiv. Fold begge blandinger i osten og hæld i den bagte skorpe. Lad afkøle i flere timer, indtil den er fast.

Arranger abrikoshalvdelene oven på cheesecaken. Varm brandy og majsmel sammen under omrøring, indtil det er tykt og klart. Lad afkøle lidt, og hæld derefter over abrikoserne for at glasere.

avocado cheesecake

Laver en 20 cm / 8 tommer kage

225 g / 8 oz / 2 kopper digestive cracker krummer (graham cracker)

75 g / 3 oz / 1/3 kop smør eller margarine, smeltet

Til fyldet:
10 ml / 2 teskefulde pulveriseret gelatine

30 ml / 2 spsk vand

2 modne avocadoer

Saft af ½ citron

revet skal af 1 citron

100 g / 4 oz / ½ kop flødeost

75 g / 3 oz / 1/3 kop pulveriseret (superfint) sukker

2 æggehvider

300 ml / ½ pt / 1¼ kopper pisket eller dobbelt (tung) fløde

Bland kikskrummer og smeltet smør eller margarine sammen og tryk ned i bunden og siderne af en smurt 20 cm / 8 tommer løsbundet kageform. Fedt nok.

Drys gelatinen over vandet i en skål og lad det stå til det er luftigt. Sæt skålen i en gryde med varmt vand og lad den stå, indtil den er opløst. Afkøl let. Skræl og pit avocadoerne og mos frugtkødet med citronsaft og skræl. Pisk ost og sukker. Tilsæt den opløste gelatine. Pisk æggehviderne stive, og vend dem derefter ind i blandingen med en metalske. Pisk halvdelen af fløden stiv og vend den derefter ind i blandingen. Hæld kiksebunden over og stil på køl, indtil den er stivnet.

Pisk den resterende fløde stiv, og rør den derefter dekorativt over cheesecaken.

Banan cheesecake

Laver en 20 cm / 8 tommer kage

75 g / 3 oz / 1/3 kop smør eller margarine, smeltet

175 g / 6 oz / 1½ kopper fordøjelses-cracker-krummer (graham-cracker)

Til fyldet:

2 bananer, mosede

350 g / 12 oz / 1½ kopper fast tofu

100 g / 4 oz / ½ kop hytteost

revet skal og saft af 1 citron

Citronskiver til pynt

Bland smør eller margarine og kikskrummerne og tryk i bunden af en smurt 20 cm løsbundet tærteform. Pisk alle ingredienserne til dækningen og læg dem på bunden. Lad afkøle i 4 timer før servering pyntet med citronbåde.

Let caribisk ostekage

Laver en 20 cm / 8 tommer kage

75 g / 3 oz / 1/3 kop smør eller margarine

175 g / 6 oz / 1¾ kopper almindeligt mel (alle formål)

en knivspids salt

30 ml / 2 spsk koldt vand

400 g / 14 oz / 1 stor dåse ananas, drænet og hakket

150 g / 5 oz / 2/3 kop hytteost

2 æg, adskilt

15 ml / 1 spsk rom

Gnid smør eller margarine ind i mel og salt, indtil blandingen ligner brødkrummer. Bland nok vand til at lave en dej (pasta). Rul ud og brug til at beklæde en 20 cm / 8 tommer flanring. Bland ananas, ost, æggeblommer og rom. Pisk æggehviderne stive, og vend dem derefter ind i blandingen. Hæld i æsken (skal). Bages i en forvarmet ovn ved 200°C/400°F/gasmærke 6 i 20 minutter. Lad den køle af i formen, inden den tages ud.

Black Cherry Cheesecake

Laver en 20 cm / 8 tommer kage

75 g / 3 oz / 1/3 kop smør eller margarine, smeltet

175 g / 6 oz / 1½ kopper fordøjelses-cracker-krummer (graham-cracker)

Til fyldet:

350 g / 12 oz / 1½ kopper fast tofu

100 g / 4 oz / ½ kop hytteost

revet skal og saft af 1 citron

400 g / 14 oz / 1 stor dåse sorte kirsebær, drænet

Bland smør eller margarine og kikskrummerne og tryk i bunden af en smurt 20 cm løsbundet tærteform. Pisk tofu, ost, citronsaft og skal sammen, og tilsæt derefter kirsebærene. Ske på bunden. Lad afkøle i 4 timer før servering.

Kokos og abrikos cheesecake

Laver en 20 cm / 8 tommer kage

Til skorpen:

200 g / 7 oz / 1¾ kopper tørret kokosnød (revet)

75 g / 3 oz / 1/3 kop smør eller margarine, smeltet

Til fyldet:

120 ml / 4 fl oz / ½ kop kondenseret mælk

30 ml / 2 spsk citronsaft

250 g / 9 oz / 1 balje flødeost

120 ml / 4 fl oz / ½ kop dobbelt creme (tung)

Til dressingen:

5 ml / 1 tsk pulveriseret gelatine

30 ml / 2 spsk vand

100 g / 4 oz / 1/3 kop abrikosmarmelade (konserves), sigtet (sigtet)

30 ml / 2 spsk pulveriseret sukker (superfint)

Rist kokosnødden i en tør stegepande, indtil den er gyldenbrun. Tilsæt smør eller margarine, og tryk derefter blandingen fast i en 20 cm / 8 i tærteplade. Fedt nok.

Bland kondenseret mælk og citronsaft, og tilsæt derefter flødeosten. Pisk fløden stiv og kom den derefter i blandingen. Hæld med en ske i kokosbunden.

Bland gelatine og vand i en lille gryde ved meget lav varme og tilsæt marmelade og sukker i et par minutter, indtil det er klart og godt blandet. Hæld fyldet over, lad det køle af og afkøle, indtil det stivner.

blåbær cheesecake

Laver en 23 cm / 9 tommer kage

100 g / 4 oz / 1 kop digestive cracker krummer (graham cracker)

50 g / 2 oz / ¼ kop smør eller margarine, smeltet

8 oz / 225 g blåbær, skyllet og drænet

150 ml / ¼ pt / 2/3 kop vand

150 g / 5 oz / 2/3 kop pulveriseret (superfint) sukker

15 g / ½ oz / 1 spsk pulveriseret gelatine

60 ml / 4 spiseskefulde vand

225 g / 8 oz / 1 kop flødeost

175 g / 6 oz / ¾ kop ricottaost

5 ml / 1 tsk vaniljeessens (ekstrakt)

Bland kiks og smeltet smør sammen og tryk i bunden af en smurt 9/23 cm springform. Fedt nok.

Kom blåbærene, 150 ml / ¼ pt / 2/3 kop vand og sukker i en gryde og bring det i kog. Kog i 10 minutter under omrøring af og til. Drys gelatinen over de 60 ml / 4 spsk vand i en skål, og lad den er luftig. Sæt skålen i en gryde med varmt vand og lad den stå, indtil den er opløst. Tilsæt gelatinen til blåbærblandingen, tag den af varmen og lad den køle lidt af. Tilsæt ostene og vaniljeessensen. Hæld blandingen i bunden og fordel jævnt. Lad afkøle i flere timer, indtil den er fast.

ingefær cheesecake

Giver en 900 g / 2 lb kage

275 g / 10 oz / 2½ kopper honningkagekagekrummer (småkage)

100 g / 4 oz / ½ kop smør eller margarine, smeltet

225 g / 8 oz / 1 kop flødeost

150 ml / ¼ pt / 2/3 kop dobbelt creme (tung)

100 g / 4 oz / ½ kop pulveriseret sukker (superfint)

15 ml / 1 spsk hakket ingefær

15 ml / 1 spsk ingefær brandy eller sirup

2 æg, adskilt

saft af 1 citron

15 g / ½ oz / 1 spsk pulveriseret gelatine

Tilsæt småkagerne til smørret. Bland flødeost, fløde, sukker, ingefær og brandy eller ingefærsirup. Pisk æggeblommerne. Kom citronsaften i en lille gryde og drys gelatinen over. Lad det trække i et par minutter, og opløs det derefter ved svag varme. Må ikke koge. Pisk æggehviderne til bløde toppe. Tilsæt 15 ml / 1 spsk til osteblandingen. Fold forsigtigt resten. Hæld halvdelen af blandingen i en let smurt 900g/2lb brødform. Drys jævnt med halvdelen af småkageblandingen. Tilføj endnu et lag af de resterende oste- og kiksblandinger. Lad afkøle i flere timer. Dyp dåsen i kogende vand i et par sekunder, dæk derefter med en tallerken og stil til side klar til servering.

Ingefær og citron cheesecake

Laver en 20 cm / 8 tommer kage

175 g / 6 oz / 1½ kopper honningkager småkage krummer (småkage)

50 g / 2 oz / ¼ kop smør eller margarine, smeltet

15 g / ½ oz / 1 spsk gelatine

30 ml / 2 spsk koldt vand

2 citroner

100 g / 4 oz / ½ kop hytteost

100 g / 4 oz / ½ kop flødeost

50 g / 2 oz / ¼ kop pulveriseret sukker (superfint)

150 ml / ¼ pt / 2/3 kop almindelig yoghurt

150 ml / ¼ pt / 2/3 kop dobbelt creme (tung)

Tilsæt småkagekrummerne til smørret eller margarinen. Tryk blandingen ind i bunden af en 20 cm / 8 tommer løsbundet flanring. Drys gelatinen i vandet og opløs den derefter i en gryde med varmt vand. Skær tre strimler af skal fra en citron. Riv den resterende skal af begge citroner. Skær citronerne i kvarte, fjern kerner og skind, og purér frugtkødet i en foodprocessor eller blender. Tilsæt osten og bland. Tilsæt sukker, yoghurt og fløde og bland igen. Tilsæt gelatinen. Hæld over bunden og afkøl indtil stivnet. Pynt med citronskal.

Cheesecake med hasselnød og honning

Laver en 23 cm / 9 tommer kage

175 g / 6 oz / 1½ kopper fordøjelses-cracker-krummer (graham-cracker)

75 g / 3 oz / 1/3 kop smør eller margarine, smeltet

100 g / 4 oz / 1 kop hasselnødder

225 g / 8 oz / 1 kop flødeost

60 ml / 4 spsk lys honning

2 æg, adskilt

15 g / ½ oz / 1 spsk pulveriseret gelatine

30 ml / 2 spsk vand

250 ml / 8 fl oz / 1 kop dobbelt creme (tung)

Bland småkagekrummerne og smørret sammen, og tryk dem ned i bunden af en 23 cm løsbundet cremeform. Gem nogle hasselnødder til at pynte og mal resten. Bland med flødeost, honning og æggeblommer og pisk godt. Imens drysser du gelatinen i vandet, og lad det sidde, til det er luftigt. Sæt beholderen i en gryde med varmt vand og rør, indtil den er smeltet. Tilsæt osteblandingen til cremen. Pisk æggehviderne stive og vend dem forsigtigt i blandingen. Hæld over bunden og afkøl indtil stivnet. Pynt med de hele hasselnødder.

Ribs og ingefær cheesecake

Laver en 23 cm / 9 tommer kage

3 stykker stilk ingefær, skåret i tynde skiver

50 g / 2 oz / ¼ kop granuleret sukker

75 ml / 5 spiseskefulde vand

225 g / 8 oz ribs

50 g / 2 oz / ½ pakke lime-smag gelatine (jello)

15 g / ½ oz / 1 spsk pulveriseret gelatine

Revet skal og saft af ½ citron

225 g / 8 oz / 1 kop flødeost

75 g / 3 oz / 1/3 kop pulveriseret (superfint) sukker

2 æg, adskilt

300 ml / ½ pt / 1¼ kopper dobbelt creme (tung)

75 g / 3 oz / 1/3 kop smør eller margarine, smeltet

175 g / 6 oz / 1½ kopper honningkager småkage krummer (småkage)

Smør og beklæd en 23 cm / 9 i løs bundring. Placer ingefærstilken rundt om kanten af bunden. Opløs perlesukkeret i vandet i en gryde, og bring det derefter i kog. Tilsæt ribs og lad det simre i cirka 15 minutter, indtil de er møre. Skrab de røde ribs ud af siruppen med en hulske og læg dem i midten af den forberedte dåse. Mål siruppen og fyld op til 275 ml / 9 fl oz / sparsom 1 kop med vand. Lad det simre tilbage og rør gelatinen i, indtil den er opløst. Tag det af varmen og lad det stå, indtil det begynder at stivne. Hæld ribsene over og afkøl indtil de er stivnede.

Drys gelatinen over 45 ml / 3 spsk citronsaft i en skål og lad den er luftig. Sæt skålen i en gryde med varmt vand og lad den stå, indtil den er opløst. Pisk flødeosten med citronskal, flormelis, æggeblommer, gelatine og halvdelen af fløden. Pisk den resterende fløde, indtil den er tyk, og kom den derefter ind i blandingen. Pisk æggehviderne stive, og vend dem lidt i. Kom dem med en ske i formen og afkøl til de stivner.

Bland smør eller margarine og kagekrummer sammen og drys over cheesecake. Tryk let for at fastgøre bunden. Chill indtil fast.

Dyp bunden af formen i varmt vand i et par sekunder, kør en kniv rundt om kanten af cheesecaken, og læg derefter på en tallerken.

Let citron cheesecake

Laver en 20 cm / 8 tommer kage

Til basen:
50 g / 2 oz / ¼ kop smør eller margarine

50 g / 2 oz / ¼ kop pulveriseret sukker (superfint)

100 g / 4 oz / 1 kop digestive cracker krummer (graham cracker)

Til fyldet:
225 g / 8 oz / 1 kop hel blød ost

2 æg, adskilt

100 g / 4 oz / ½ kop pulveriseret sukker (superfint)

Revet skal af 3 citroner

150 ml / ¼ pt / 2/3 kop dobbelt creme (tung)

saft af 1 citron

45 ml / 3 spsk vand

15 g / ½ oz / 1 spsk pulveriseret gelatine

Til dressingen:
45 ml / 3 spsk lemon curd

For at lave bunden skal du smelte smør eller margarine og sukker ved svag varme. Tilsæt småkagekrummerne. Tryk ind i bunden af en 20 cm / 8 tommer kageform (form) og afkøl i køleskabet.

For at lave fyldet blødgøres osten i en stor røreskål. Pisk æggeblommer, halvdelen af sukkeret, citronskal og fløden. Kom citronsaft, vand og gelatine i en skål og opløs over en gryde med varmt vand. Pisk med osteblandingen og lad det stivne. Pisk æggehviderne stive, og tilsæt derefter resten af flormelissen. Vend lidt men helt ind i osteblandingen. Placer på bunden og glat overfladen. Chill 3 til 4 timer, indtil sæt. Pensl med lemon curd til slut.

Citron og mysli cheesecake

Laver en 20 cm / 8 tommer kage

175 g / 6 oz / generøs 1 kop müsli

75 g / 3 oz / 1/3 kop smør eller margarine, smeltet

Finrevet skal og saft af 2 citroner

15 g / ½ oz / 1 spsk pulveriseret gelatine

225 g / 8 oz / 1 kop flødeost

150 ml / ¼ pt / 2/3 kop almindelig yoghurt

60 ml / 4 spsk lys honning

2 æggehvider

Bland müslien med smør eller margarine og tryk i bunden af en smurt løsbundet 20 cm cremeform (pande). Chill indtil sæt.

Tilbered citronsaft op til 150 ml / ¼ pt / 2/3 kop med vand. Drys gelatinen over og lad det stå til det er blødt. Stil skålen i en gryde med varmt vand og varm forsigtigt op, indtil gelatinen er opløst. Bland citronskal, ost, yoghurt og honning, og tilsæt derefter gelatinen. Pisk æggehviderne til stive toppe, og vend derefter forsigtigt i cheesecake-blandingen. Hæld over bunden og afkøl indtil den er fast.

mandarin cheese cake

Laver en 20 cm / 8 tommer kage

200 g / 7 oz / 1¾ kopper digestive cracker krummer (graham cracker)

75 g / 3 oz / 1/3 kop smør eller margarine, smeltet

Til dressingen:

275 g / 10 oz / 1 stor dåse mandarin appelsiner, drænet

15 g / ½ oz / 1 spsk pulveriseret gelatine

30 ml / 2 spsk varmt vand

150 g / 5 oz / 2/3 kop hytteost

150 ml / ¼ pt / 2/3 kop almindelig yoghurt

Bland kikskrummerne og smør eller margarine og tryk ind i bunden af en 20 cm / 8 tommer løsbundet flanring. Fedt nok. Knus mandarinerne med bagsiden af en ske. Drys gelatinen over vandet i en lille skål og lad det stå til det er luftigt. Sæt beholderen i en gryde med kogende vand og lad den stå, indtil den er opløst. Bland mandarinerne, hytteosten og yoghurten. Tilsæt gelatinen. Hæld fyldblandingen over bunden og afkøl indtil den er stivnet.

Citron og valnødde cheesecake

Laver en 20 cm / 8 tommer kage

Til basen:

225 g / 8 oz / 2 kopper digestive cracker krummer (graham cracker)

25 g / 1 oz / 2 spsk pulveriseret sukker (superfint)

5 ml / 1 tsk stødt kanel

50 g / 2 oz / ¼ kop smør eller margarine, smeltet

Til fyldet:

15 g / ½ oz / 1 spsk pulveriseret gelatine

30 ml / 2 spsk koldt vand

2 æg, adskilt

100 g / 4 oz / ½ kop pulveriseret sukker (superfint)

350 g / 12 oz / 1½ kopper hel blød ost

revet skal og saft af 1 citron

150 ml / ¼ pt / 2/3 kop dobbelt creme (tung)

25 g / 1 oz / ¼ kop hakkede blandede nødder

Tilsæt småkagekrummer, sukker og kanel i smørret eller margarinen. Tryk ind i bunden og siderne af en 20 cm / 8-tommer løsbundet cremeform (form). Fedt nok.

For at lave fyldet, opløs gelatinen i vandet i en lille skål. Sæt beholderen i en gryde med varmt vand og rør, indtil gelatinen er opløst. Fjern fra varmen og lad afkøle lidt. Pisk æggeblommer og sukker. Stil skålen over en gryde med kogende vand og fortsæt med at piske indtil blandingen er tyk og let. Fjern fra varmen og pisk indtil lunken. Tilsæt ost, citronskal og saft. Pisk fløden stiv, og vend den derefter ind i blandingen med nødderne. Tilsæt forsigtigt gelatinen. Pisk æggehviderne stive, og vend dem derefter ind i blandingen. Hæld i bunden og stil på køl i flere timer eller natten over før servering.

lime cheesecake

Serverer 8

Til basen:

40 g / 1½ oz / 2 spsk lys honning

50 g / 2 oz / ¼ kop demerara sukker

225 g / 8 oz / 2 kopper havregryn

100 g / 4 oz / ½ kop smør eller margarine, smeltet

Til fyldet:

225 g / 8 oz / 1 kop kvark

250 ml / 8 fl oz / 1 kop almindelig yoghurt

2 æg, adskilt

50 g / 2 oz / ¼ kop pulveriseret sukker (superfint)

revet skal og saft af 2 limefrugter

15 g / ½ oz / 1 spsk pulveriseret gelatine

30 ml / 2 spsk kogende vand

Tilføj honning, demerara sukker og havre til smør eller margarine. Tryk ind i bunden af en smurt 20 cm kageform.

For at lave fyldet blandes kvark, yoghurt, æggeblommer, sukker og limeskal sammen. Drys gelatinen over limesaften og varmt vand og lad det stå til det er opløst. Varm over en skål med varmt vand, indtil den er gennemsigtig, tilsæt derefter blandingen og rør forsigtigt, indtil den lige begynder at stivne. Pisk æggehviderne, indtil der dannes bløde toppe, og vend dem derefter i blandingen. Læg den på den forberedte bund og lad den hvile.

San Clemente Cheesecake

Laver en 20 cm / 8 tommer kage

50 g / 2 oz / ¼ kop smør eller margarine

100 g / 4 oz / 1 kop digestive cracker krummer (graham cracker)

2 æg, adskilt

en knivspids salt

100 g / 4 oz / ½ kop pulveriseret sukker (superfint)

45 ml / 3 spsk appelsinjuice

45 ml / 3 spsk citronsaft

15 g / ½ oz / 1 spsk gelatine

30 ml / 2 spsk koldt vand

350 g / 12 oz / 1½ kopper hytteost, sigtet

150 ml / ¼ pt / 2/3 kop dobbelt (tung) piskefløde

1 appelsin, skrællet og skåret i skiver

Gnid en 8-tommers løsbundet pande (pande) med smørret og drys med kikskrummerne. Pisk æggeblommerne med salt og halvdelen af sukkeret, til det er tykt og cremet. Kom i en skål med appelsin- og citronsaft og rør over en gryde med varmt vand, indtil blandingen begynder at tykne og dækker bagsiden af en ske. Opløs gelatinen i det kolde vand og varm forsigtigt op til det er tykt. Tilsæt frugtjuiceblandingen og lad den køle af, mens der røres af og til. Tilsæt hytteost og fløde. Pisk æggehviderne stive, og tilsæt derefter det resterende sukker. Vend cheesecakeblandingen i og hæld i tærteformen. Chill indtil fast. Sluk og drys med de løse krummer. Server pyntet med appelsinskiver.

Pashka

Laver en 23 cm / 9 tommer kage

450 g / 1 lb / 2 kopper flødeost

100 g / 4 oz / ½ kop smør eller margarine, blødgjort

150 g / 5 oz / 2/3 kop pulveriseret (superfint) sukker

150 ml / ¼ pt / 2/3 kop creme fraiche (sur)

175 g / 6 oz / 1 kop sultanas (gyldne rosiner)

50 g / 2 oz / ¼ kop glaserede kirsebær (kandiserede)

100 g / 4 oz / 1 kop mandler

50 g / 2 oz / 1/3 kop hakket blandet (kandiseret) skal

Bland ost, smør eller margarine, sukker og creme fraiche, indtil det er godt blandet. Rør sammen med de resterende ingredienser. Hæld i en savarinform, dæk til og stil på køl natten over. Dyp gryden i en gryde med varmt vand i et par sekunder, kør en kniv rundt om kanten af gryden, og vend cheesecaken på en tallerken. Afkøl før servering.

Let ananas cheesecake

Laver en 25 cm / 10 tommer kage

225 g / 8 oz / 1 kop smør eller margarine

225 g / 8 oz / 2 kopper digestive cracker krummer (graham cracker)

450 g / 1 lb / 2 kopper kvark

1 sammenpisket æg

5 ml / 1 tsk mandelessens (ekstrakt)

15 ml / 1 spsk pulveriseret (superfint) sukker

25 g / 1 oz / ¼ kop malede mandler

100 g / 4 oz ananas på dåse, hakket

Smelt halvdelen af smørret eller margarinen og tilsæt småkagekrummerne. Tryk ned i bunden af et 25 cm / 10 i flan-fad og lad det køle af. Pisk resten af smørret eller margarinen med kvarken, ægget, mandelessensen, sukkeret og de malede mandler. Tilsæt ananas. Fordel over kiksebunden og lad afkøle i 2 timer.

ananas cheesecake

Laver en 20 cm / 8 tommer kage

75 g / 3 oz / 1/3 kop smør eller margarine, smeltet

175 g / 6 oz / 1½ kopper fordøjelses-cracker-krummer (graham-cracker)

15 g / ½ oz / 1 spsk pulveriseret gelatine

425 g / 15 oz / 1 stor dåse ananas i naturlig juice, drænet og reserveret til juice

3 æg, adskilt

75 g / 3 oz / 1/3 kop pulveriseret (superfint) sukker

150 ml / ¼ pt / 2/3 kop almindelig (let) creme

150 ml / ¼ pt / 2/3 kop dobbelt creme (tung)

225 g / 8 oz / 2 kopper revet cheddarost

150 ml / ¼ pt / 2/3 kop mælk

150 ml / ¼ pt / 2/3 kop flødeskum

Bland smør eller margarine med småkagekrummerne og tryk i bunden af en 8-tommer / 20 cm flanring. Løs bund. Chill indtil fast.

Drys gelatinen over 30 ml / 2 spsk af den reserverede ananasjuice i en skål og lad den være luftig. Reserver lidt ananas til pynt, hak derefter resten og læg på kagebunden. Sæt skålen i en gryde med varmt vand og lad den stå, indtil den er opløst. Pisk æggeblommer, sukker og 150 ml / ¼ pt / 2/3 kop af den reserverede ananasjuice i en varmefast skål placeret over en gryde med kogende vand, indtil blandingen er tyk og flager. Fjern fra ilden. Pisk enkelt- og dobbeltcreme til tykke, tilsæt ost og mælk, og vend derefter æggeblandingen i med gelatinen. Lad afkøle. Pisk æggehviderne stive, og vend derefter forsigtigt i blandingen.

Pisk flødeskum og rørrosetter rundt om toppen af kagen, og pynt derefter med den reserverede ananas.

rosin cheesecake

Serverer 8

Til basen:

100 g / 4 oz / ½ kop smør eller margarine

40 g / 1½ oz / 2 spsk lys honning

50 g / 2 oz / ¼ kop demerara sukker

225 g / 8 oz / 2 kopper havregryn

Til fyldet:

225 g / 8 oz / 1 kop hytteost

150 ml / ¼ pt / 2/3 kop almindelig yoghurt

150 ml / ¼ pt / 2/3 kop creme fraiche (sur)

50 g / 2 oz / 1/3 kop rosiner

15 g / ½ oz / 1 spsk pulveriseret gelatine

60 ml / 4 spiseskefulde kogende vand

Smelt smør eller margarine, og tilsæt derefter honning, sukker og havre. Tryk ind i bunden af en smurt 20 cm kageform.

For at lave fyldet sigtes hytteosten i en skål og blandes med yoghurt og creme fraiche. Tilsæt rosinerne. Drys gelatinen over det varme vand og lad det stå til det er opløst. Varm over en skål med varmt vand, indtil den er gennemsigtig, tilsæt derefter blandingen og rør forsigtigt, indtil den lige begynder at stivne. Læg den på den forberedte bund og lad den hvile.

hindbær cheesecake

Laver en 15 cm / 6 tommer kage

75 g / 3 oz / 1/3 kop smør eller margarine, smeltet

175 g / 6 oz / 1½ kopper fordøjelses-cracker-krummer (graham-cracker)

3 æg, adskilt

300 ml / ½ pt / 1¼ kopper mælk

25 g / 1 oz / 2 spsk pulveriseret sukker (superfint)

15 g / ½ oz / 1 spsk gelatine

30 ml / 2 spsk koldt vand

225 g / 8 oz / 1 kop flødeost, let pisket

Revet skal og saft af ½ citron

450 g hindbær

Bland smør eller margarine og kiks og tryk ned i bunden af en løsbundet 6/15 cm kageform. Afkøl mens du laver fyldet.

Pisk æggeblommerne og hæld dem i en gryde med mælken og varm forsigtigt op under konstant omrøring, indtil cremecremen tykner. Tag af varmen og tilsæt sukker. Drys gelatinen over det varme vand og lad det stå til det er opløst. Opvarm i en skål med varmt vand, indtil den er gennemsigtig, og tilsæt derefter osten med wienerbrødscremen, citronskal og saft. Pisk æggehviderne stive, vend dem derefter i blandingen og læg dem på bunden. Cool at sætte. Pynt med hindbærrene lige inden servering.

Siciliansk cheesecake

Laver en 25 cm / 10 tommer kage

900 g / 2 lb / 4 kopper ricottaost

100 g / 4 oz / 2/3 kop flormelis (konditorsukker)

5 ml / 1 tsk revet appelsinskal

100 g / 4 oz / 1 kop almindelig (halvsød) chokolade, revet

10 oz / 275 g hakkede blandede frugter

10 oz / 275 g fingerkiks (småkager) eller pund kage, skåret i skiver

175 ml / 6 fl oz / ¾ kop rom

Pisk ricottaen med halvdelen af sukkeret og appelsinskalen. Reserver 15 ml / 1 spsk af chokoladen og frugten til at pynte, og fold derefter resten i blandingen. Beklæd en 25 cm kageform (form) med husholdningsfilm (plastfolie). Dyp småkagerne eller svampen i rommen for at fugte, og brug derefter det meste til at dække bunden og siderne af dåsen. Fordel osteblandingen indeni. Dyp de resterende kiks i rommen og brug til at toppe osteblandingen. Dæk med husholdningsfilm (plastfolie) og tryk ned. Afkøl i 1 time, indtil den er fast. Fjern formen, hjælp med den gennemsigtige film, drys med resten af flormelisen og pynt med den reserverede chokolade og frugt.

Yoghurt glaseret cheesecake

Laver en 23 cm / 9 tommer kage

Til basen:

2 æg

75 g / 3 oz / ¼ kop lys honning

100 g / 4 oz / 1 kop fuldkornshvedemel (fuld hvede)

10 ml / 2 teskefulde bagepulver

Et par dråber vaniljeessens (ekstrakt)

Til fyldet:

25 g / 1 oz / 2 spsk pulveriseret gelatine

30 ml / 2 spsk pulveriseret sukker (superfint)

75 ml / 5 spiseskefulde vand

225 g / 8 oz / 1 kop almindelig yoghurt

225 g / 8 oz / 1 kop blød flødeost

75 g / 3 oz / ¼ kop lys honning

250 ml / 8 fl oz / 1 kop flødeskum

Til dressingen:

100 g hindbær

45 ml / 3 spsk marmelade (reserve)

15 ml / 1 spsk vand

For at lave bunden skal du piske æg og honning til det er luftigt. Tilsæt gradvist mel, bagepulver og vaniljeessens, indtil der opnås en homogen masse. Rul ud på en let meldrysset overflade og læg på bunden af en 23 cm smurt brødform (form). Bages i en forvarmet ovn ved 200°C/400°F/gasmærke 6 i 20 minutter. Tag ud af ovnen og lad afkøle.

For at lave fyldet, opløs gelatine og sukker i vandet i en lille skål, og lad blandingen stå i en gryde med varmt vand, indtil den er gennemsigtig. Fjern det fra vandet og lad det køle lidt af. Pisk yoghurt, flødeost og honning, indtil det er godt blandet. Pisk fløden stiv. Tilsæt fløden til yoghurtblandingen og tilsæt derefter gelatinen. Læg på bunden og lad hvile.

Arranger hindbærene i et flot mønster ovenpå. Smelt syltetøjet med vandet, før det derefter gennem en si (dørslag). Pensl toppen af cheesecaken og afkøl den inden servering.

Jordbær cheesecake

Laver en 20 cm / 8 tommer kage

100 g / 4 oz / 1 kop digestive cracker krummer (graham cracker)

25 g / 1 oz / 2 spsk demerara sukker

50 g / 2 oz / ¼ kop smør eller margarine, smeltet

15 ml / 1 spsk pulveriseret gelatine

45 ml / 3 spsk vand

350 g / 12 oz / 1½ kopper hytteost

50 g / 2 oz / ¼ kop pulveriseret sukker (superfint)

revet skal og saft af 1 citron

2 æg, adskilt

300 ml / ½ pt / 1¼ kopper almindelig (let) creme

100 g / 4 oz jordbær, skåret i skiver

120 ml / 4 fl oz / ½ kop dobbelt (tung) fløde, pisket

Bland småkagekrummer, demerara-sukker og smør eller margarine og tryk i bunden af en 20 cm/8 tommer løs bundform. Chill indtil fast.

Drys gelatinen i vandet og lad det være luftigt. Læg beholderen i en gryde med varmt vand og lad den stå, indtil den er gennemsigtig. Bland ost, flormelis, citronskal og -saft, æggeblommer og fløde. Pisk gelatinen. Pisk æggehviderne stive, og vend dem derefter i osteblandingen. Hæld over bunden og afkøl indtil stivnet.

Arranger jordbærene over toppen af cheesecaken og rør cremen rundt i kanten for at pynte.

Sultana og Brandy Cheesecake

Laver en 20 cm / 8 tommer kage

100 g / 4 oz / 2/3 kop sultanas (gyldne rosiner)

45ml / 3 spsk brandy

100 g / 4 oz / ½ kop smør eller margarine, blødgjort

100 g / 4 oz / ½ kop blødt brun farin

75 g / 3 oz / ¾ kop almindeligt mel (alle formål)

75 g / 3 oz / ¾ kop malede mandler

2 æg, adskilt

225 g / 8 oz / 1 kop flødeost

100 g / 4 oz / ½ kop hytteost (blød hytteost)

Et par dråber vaniljeessens (ekstrakt)

150 ml / ¼ pt / 2/3 kop dobbelt creme (tung)

Kom rosinerne i en skål med brandy og lad dem trække, indtil de er fyldige. Flød smørret eller margarinen og 50 g / 2 oz / ¼ kop sukker, indtil det er blegt og luftigt. Bland mel og malede mandler i og bland til en dej. Tryk i en smurt 20 cm/8in løsbundet kageform (pande) og bag i en forvarmet ovn ved 180°C/350°F/gasmærke 4 i 12 minutter, indtil den er gyldenbrun. Lad afkøle.

Pisk æggeblommerne med halvdelen af det resterende sukker. Tilsæt ostene, vaniljeessensen, sultanas og brandy. Pisk fløden stiv og kom den derefter i blandingen. Pisk æggehviderne stive, tilsæt derefter det resterende sukker og pisk igen indtil de er stive og blanke. Vend osteblandingen i. Hæld over den kogte bund og stil på køl i flere timer, indtil den er stivnet.

Bagt Cheesecake

Laver en 20 cm / 8 tommer kage

50 g / 2 oz / ¼ kop smør eller margarine, smeltet

225 g / 8 oz / 2 kopper digestive cracker krummer (graham cracker)

225 g / 8 oz / 1 kop hytteost

100 g / 4 oz / ½ kop pulveriseret sukker (superfint)

3 æg, adskilt

25 g / 1 oz / ¼ kop majsmel (majsstivelse)

2,5 ml / ½ tsk vanilje essens (ekstrakt)

400 ml / 14 fl oz / 1¾ kopper creme fraiche (mejerisyre)

Bland smør eller margarine og småkagekrummerne og tryk dem ned i bunden af en smurt 20 cm/8 tommer løsbund. Bland alle de resterende ingredienser undtagen æggehviderne. Pisk æggehviderne stive, vend dem derefter i blandingen og læg dem på kiksebunden. Bages i en forvarmet ovn ved 150°C/300°F/gasmærke 3 i 1½ time. Sluk for ovnen og åbn lågen lidt. Lad cheesecaken stå i ovnen, indtil den er afkølet.

Bagte cheesecake barer

Gør 16

75 g / 3 oz / 1/3 kop smør eller margarine

100 g / 4 oz / 1 kop almindeligt mel (alle formål)

75 g / 3 oz / 1/3 kop blødt brun farin

50 g / 2 oz / ½ kop hakkede pekannødder

225 g / 8 oz / 1 kop flødeost

50 g / 2 oz / ¼ kop pulveriseret sukker (superfint)

1 æg

30 ml / 2 spsk mælk

5 ml / 1 tsk citronsaft

2,5 ml / ½ tsk vanilje essens (ekstrakt)

Gnid smørret eller margarinen ind i melet, indtil blandingen minder om brødkrummer. Tilsæt brun farin og nødder. Pres alt undtagen 100 g / 4 oz / 1 kop af blandingen i en smurt 20 cm / 8 kageform. Bages i en forvarmet ovn ved 180°C/350°F/gasmærke 4 i 15 minutter, indtil de er let gyldne.

Pisk flødeost og flormelis til det er glat. Pisk æg, mælk, citronsaft og vaniljeessens. Fordel blandingen over kagen i formen og drys med den reserverede smør-valnøddeblanding. Bages i yderligere 30 minutter, indtil de er sat og let brunet på toppen. Lad afkøle, afkøle og server koldt.

amerikansk cheesecake

Laver en 23 cm / 9 tommer kage

175 g / 6 oz / 1½ kopper fordøjelses-cracker-krummer (graham-cracker)

15 ml / 1 spsk pulveriseret (superfint) sukker

50 g / 2 oz / ¼ kop smør eller margarine, smeltet

Til fyldet:

450 g / 1 lb / 2 kopper flødeost

450 g / 1 lb / 2 kopper hytteost

250 g / 9 oz / generøs 1 kop pulveriseret (superfint) sukker

10 ml / 2 tsk vaniljeessens (ekstrakt)

5 æg, adskilt

400 ml / 14 fl oz / 1 stor dåse inddampet mælk

120 ml / 4 fl oz / ½ kop dobbelt creme (tung)

30 ml / 2 spsk almindeligt mel (alle formål)

en knivspids salt

15 ml / 1 spsk citronsaft

Bland småkagekrummerne og sukkeret med det smeltede smør og tryk i bunden af en 23 cm / 9-tommers løsbundet tærteplade.

For at lave fyldet blandes ostene sammen, og tilsæt derefter sukker og vaniljeessens. Bland æggeblommerne i, efterfulgt af den inddampede mælk, fløde, mel, salt og citronsaft. Pisk æggehviderne stive, og vend dem derefter forsigtigt i blandingen. Hæld i tærtepladen og bag i en forvarmet ovn ved 180°C/350°F/gasmærke 4 i 45 minutter. Lad afkøle langsomt, og køl derefter af inden servering.

Hollandsk bagt æbleostkage

Laver en 20 cm / 8 tommer kage

100 g / 4 oz / ½ kop smør eller margarine

175 g / 6 oz / 1½ kopper fordøjelses-cracker-krummer (graham-cracker)

2 spiseæbler (til dessert), skrællet, udkernet og skåret i skiver

100 g / 4 oz / 2/3 kop sultanas (gyldne rosiner)

225 g / 8 oz / 2 kopper Gouda ost, revet

25 g / 1 oz / ¼ kop almindeligt mel (alle formål)

75 ml / 5 spiseskefulde simpel creme (let)

2,5 ml / ½ tsk blandede malede krydderier (æblekage)

revet skal og saft af 1 citron

3 æg, adskilt

100 g / 4 oz / ¾ kop pulveriseret (superfint) sukker

2 rødskallede æbler, udkernede og skåret i skiver

30 ml / 2 spsk abrikosmarmelade (konserves), sigtet (sigtet)

Smelt halvdelen af smørret eller margarinen og tilsæt småkagekrummerne. Tryk blandingen ned i bunden af en løsbundet 20 cm/8" kageform. Smelt det resterende smør og steg (svits) spiseæblerne, indtil de er bløde og gyldne. Hæld overskydende fedt fra, lad det køle lidt af, fordel derefter over kiksebunden og drys med rosiner.

Bland ost, mel, fløde, krydderiblanding og citronsaft og -skal. Bland æggeblommer og sukker sammen og rør i osteblandingen, indtil det er godt blandet. Pisk æggehviderne stive, og vend dem derefter ind i blandingen. Placer i den forberedte gryde og bag i en forvarmet ovn ved 180 °C / 350 °F / gasmærke 4 i 40 minutter, indtil den er fast i midten. Lad afkøle i dåsen.

Arranger æbleskiverne i cirkler rundt om toppen af kagen. Varm marmeladen op og pensl den over æblerne for at glasere.

Bagt abrikos og hasselnødde cheesecake

Laver en 18 cm / 7 tommer kage

75 g / 3 oz / 1/3 kop smør eller margarine

100 g / 4 oz / 1 kop almindeligt mel (alle formål)

100 g / 4 oz / ½ kop pulveriseret sukker (superfint)

25 g / 1 oz / ¼ kop malede hasselnødder

30 ml / 2 spsk koldt vand

100 g / 4 oz / 2/3 kop spiseklare tørrede abrikoser, hakkede

revet skal og saft af 1 citron

100 g / 4 oz / ½ kop hytteost (blød hytteost)

100 g / 4 oz / ½ kop flødeost

25 g / 1 oz / ¼ kop majsmel (majsstivelse)

2 æg, adskilt

15ml / 1 spsk flormelis (konditorer) sukker

Gnid smørret eller margarinen ind i melet, indtil blandingen minder om brødkrummer. Tilsæt halvdelen af sukkeret og hasselnødderne, og tilsæt derefter nok vand til at lave en fast dej (pasta). Rul ud og brug den til at beklæde en 18 cm / 7 tommer smurt løs bundring. Fordel abrikoserne på bunden. Knus skal og citronsaft og oste i en foodprocessor eller blender. Pisk det resterende sukker, majsstivelse og æggeblommer i, indtil det er glat og cremet. Pisk æggehviderne stive, vend dem derefter ind i blandingen og fordel dem på panden. Bages i en forvarmet ovn ved 180°C/350°F/gas 4 i 30 minutter, indtil den er godt hævet og gylden. Lad det køle lidt af, sigt derefter flormelisen over toppen og server lunt eller koldt.

Bagt abrikos og appelsin cheesecake

Serverer 8

Til dejen (pastaen):

75 g / 3 oz / 1/3 kop smør eller margarine

175 g / 6 oz / 1½ kopper almindeligt mel (alle formål)

en knivspids salt

30 ml / 2 spsk vand

Til fyldet:

225 g / 8 oz / 1 kop hytteost (blød hytteost)

75 ml / 5 spsk mælk

2 æg, adskilt

30 ml / 2 spsk lys honning

3 dråber appelsinessens (ekstrakt)

revet skal af 1 appelsin

25 g / 1 oz / ¼ kop almindeligt mel (alle formål)

75 g / 3 oz / ½ kop abrikoshalvdele, hakket

Gnid smør eller margarine ind i mel og salt, indtil blandingen ligner brødkrummer. Tilsæt gradvist nok vand til at lave en jævn dej. Spred ud på en let meldrysset overflade og brug den til at beklæde en smurt 20 cm / 8 tommer flanring. Beklæd med bagepapir (voks) og bagebønner og blindbag i en forvarmet ovn ved 200°C/400°F/gasmærke 6 i 10 minutter, fjern derefter papir og bønner, reducer ovntemperaturen til 190°C / 375°F / gas drej 5 og bag æsken (tærten) i yderligere 5 minutter.

Bland i mellemtiden ost, mælk, æggeblommer, honning, appelsinessens, appelsinskal og mel, indtil det er glat. Pisk æggehviderne, indtil de danner bløde toppe, og fold dem derefter i blandingen. Hæld i etuiet og drys abrikoserne ovenpå. Bages i den forvarmede ovn i 20 minutter, indtil den er fast.

Bagt abrikos og ricotta cheesecake

Laver en 23 cm / 9 tommer kage

100 g / 4 oz / ½ kop smør eller margarine

225 g / 8 oz / 2 kopper digestive cracker krummer (graham cracker)

75 g / 3 oz / 1/3 kop pulveriseret (superfint) sukker

5 ml / 1 tsk stødt kanel

900 g / 2 lb / 4 kopper ricottaost

30 ml / 2 spsk almindeligt mel (alle formål)

2,5 ml / ½ tsk vanilje essens (ekstrakt)

revet skal af 1 citron

3 æggeblommer

350 g abrikoser, udstenede (udstenede) og halveret

50 g / 2 oz / ½ kop mandler i flager (skåret i skiver)

Smelt smørret, og tilsæt derefter kiks, 30 ml / 2 spsk sukker og kanel. Pres blandingen ind i en smurt 9-tommers løsbundet tærteform (pande). Pisk ricottaosten med det resterende sukker, mel, vaniljeessens og citronskal i 2 minutter. Pisk gradvist æggeblommerne, indtil blandingen er jævn. Hæld halvdelen af fyldet over kiksebunden. Fordel abrikoserne over fyldet, drys med mandler og hæld derefter det resterende fyld ovenpå. Bages i en forvarmet ovn ved 180°C/350°F/gasmærke 4 i 15 minutter, indtil den er fast at røre ved. Lad afkøle, og køl derefter.

boston cheesecake

Laver en 23 cm / 9 tommer kage

225 g / 8 oz / 2 kopper almindelige småkagekrummer (cookies)

50 g / 2 oz / ¼ kop pulveriseret sukker (superfint)

2,5 ml / ½ tsk stødt kanel

En knivspids revet muskatnød

75 g / 3 oz / 1/3 kop smør eller margarine, smeltet

Til fyldet:

4 æg, adskilt

225 g / 8 oz / 1 kop pulveriseret sukker (superfint)

250 ml / 8 fl oz / 1 kop creme fraiche (mejeri sur)

5 ml / 1 tsk vaniljeessens (ekstrakt)

30 ml / 2 spsk almindeligt mel (alle formål)

en knivspids salt

450 g / 1 lb / 2 kopper flødeost

Bland småkagekrummer, sukker, kanel og muskatnød med det smeltede smør, og tryk derefter ind i bunden og siderne af en 23 cm / 9-tommers løsbundet cremepande. Pisk æggeblommerne tykke og cremede. Pisk æggehviderne stive, tilsæt 50 g / 2 oz / ¼ kop sukker og fortsæt med at piske indtil de er stive og blanke. Bland cremefraiche og vaniljeessens med æggeblommerne, og tilsæt derefter det resterende sukker, mel og salt. Tilsæt forsigtigt osten og tilsæt derefter æggehviderne. Hæld i bunden og bag i en forvarmet ovn ved 160°C/325°F/gasmærke 3 i 1 time, indtil den er fast at røre ved. Lad afkøle, og køl derefter af inden servering.

Bagt caribisk ostekage

Laver en 23 cm / 9 tommer kage

Til basen:

100 g / 4 oz / 1 kop almindeligt mel (alle formål)

25 g / 1 oz / ¼ kop malede mandler

25 g / 1 oz / 2 spsk blødt brun farin

50 g / 2 oz / ¼ kop smør eller margarine, smeltet og afkølet

1 æg

15 ml / 1 spsk mælk

Til fyldet:

75 g / 3 oz / ½ kop rosiner

15-30 ml / 1-2 spsk rom (efter smag)

225 g / 8 oz / 1 kop hytteost (blød hytteost)

50 g / 2 oz / ¼ kop smør eller margarine

25 g / 1 oz / ¼ kop malede mandler

50 g / 2 oz / ¼ kop pulveriseret sukker (superfint)

2 æg

For at lave bunden skal du blande mel, mandler og brun farin. Tilsæt smør eller margarine, æg og mælk og bland til en jævn masse. Rul ud og form bunden af en 23 cm / 9 tommer smurt kageform (form), prik det hele med en gaffel og bag i en forvarmet ovn ved 190 °C / 375 °F / gasmærke 5 i 10 minutter, indtil lys gylden.

For at lave fyldet skal du lægge rosinerne i blød i rommen, indtil de er tykke. Bland ost, smør, malede mandler og flormelis. Bland æggene i, og tilsæt derefter rosiner og rom efter smag. Hæld over bunden og bag i den forvarmede ovn i 10 minutter, indtil den er gyldenbrun og fast at røre ved.

Bagt chokolade cheesecake

Laver en 23 cm / 9 tommer kage

Til basen:

100 g / 4 oz / 1 kop honningkagekagekrummer

15 ml / 1 spsk sukker

50 g / 2 oz / ¼ kop smør, smeltet

Til fyldet:

175 g / 6 oz / 1½ kopper almindelig (halvsød) chokolade

225 g / 8 oz / 1 kop pulveriseret sukker (superfint)

30 ml / 2 spsk kakaopulver (usødet chokolade)

450 g / 1 lb / 2 kopper flødeost

120 ml / 4 fl oz / ½ kop creme fraiche (mejeri sur)

5 ml / 1 tsk vaniljeessens (ekstrakt)

4 æg, let pisket

For at lave bunden skal du blande kiks og sukker med det smeltede smør og trykke ned i bunden af en smurt 9-tommers løsbundet pande (pande). For at lave fyldet, smelt chokoladen med halvdelen af sukker og kakao i en varmefast skål placeret over en gryde med kogende vand. Fjern fra varmen og lad afkøle lidt. Pisk osten let, og bland derefter gradvist det resterende sukker, creme fraiche og vaniljeessens i. Tilsæt gradvist æggene, tilsæt derefter chokoladeblandingen og hæld over den forberedte bund. Bages i en forvarmet ovn ved 180°C/350°F/gasmærke 4 i 40 minutter, indtil den er fast at røre ved.

Chokolade og valnødde cheesecake

Laver en 23 cm / 9 tommer kage

Til basen:

100 g / 4 oz / 1 kop digestive cracker krummer (graham cracker)

100 g / 4 oz / ½ kop pulveriseret sukker (superfint)

50 g / 2 oz / ¼ kop smør, smeltet

Til fyldet:

175 g / 6 oz / 1½ kopper almindelig (halvsød) chokolade

50 g / 2 oz / ¼ kop pulveriseret sukker (superfint)

30 ml / 2 spsk kakaopulver (usødet chokolade)

450 g / 1 lb / 2 kopper flødeost

25 g / 1 oz / ¼ kop malede mandler

120 ml / 4 fl oz / ½ kop creme fraiche (mejeri sur)

5 ml / 1 tsk mandelessens (ekstrakt)

4 æg, let pisket

For at lave bunden skal du blande kikskrummerne og 100g / 4 oz / ½ kop sukker med det smeltede smør og trykke ind i bunden af en smurt 23 cm / 9in løs kageform. For at lave fyldet, smelt chokoladen med sukker og kakao i en varmefast skål placeret over en gryde med kogende vand. Fjern fra varmen og lad afkøle lidt. Pisk osten, indtil den er lys, og bland derefter gradvist det resterende sukker, malede mandler, creme fraiche og mandelessens i. Tilsæt gradvist æggene, tilsæt derefter chokoladeblandingen og hæld over den forberedte bund. Bages i en forvarmet ovn ved 180°C/350°F/gasmærke 4 i 40 minutter, indtil den er fast at røre ved.

tysk cheesecake

Laver en 23 cm / 9 tommer kage

Til basen

25 g / 1 oz / 2 spsk smør eller margarine

225 g / 8 oz / 2 kopper almindeligt mel (alle formål)

2,5 ml / ½ tsk bagepulver

50 g / 2 oz / ¼ kop pulveriseret sukker (superfint)

1 æggeblomme

15 ml / 1 spsk mælk

Til fyldet:

900 g / 2 lb / 4 kopper hytteost

225 g / 8 oz / 1 kop pulveriseret sukker (superfint)

50 g / 2 oz / ¼ kop smør eller margarine, smeltet

250 ml / 8 fl oz / 1 kop dobbelt creme (tung)

5 ml / 1 tsk vaniljeessens (ekstrakt)

4 æg, let pisket

175 g / 6 oz / 1 kop sultanas (gyldne rosiner)

15 ml / 1 spsk majsmel (majsstivelse)

en knivspids salt

For at lave bunden, gnid smørret eller margarinen ind i melet og bagepulveret, tilsæt derefter sukkeret og lav en brønd i midten. Bland æggeblomme og mælk og bland til du får en nogenlunde glat dej. Tryk ind i bunden af en 23 cm / 9 tommer firkantet kageform.

For at lave fyldet, dræn den overskydende væske fra hytteosten, og tilsæt derefter sukker, smeltet smør, fløde og vaniljeessens. Tilsæt æggene. Smid sultanas i majsmel og salt, indtil de netop er dækket, og smid dem derefter ind i blandingen. Hæld over bunden og bag i en forvarmet ovn ved 230°C / 450°F / gasmærke 8 i 10 minutter. Reducer ovntemperaturen til 190°C / 375°F / gasmærke 5 og bag i yderligere 1 time, indtil den er fast at røre ved. Lad afkøle i dåsen, og køl derefter.

Irsk flødelikør cheesecake

Laver en 23 cm / 9 tommer kage

Til basen:

225 g / 8 oz / 2 kopper digestive cracker krummer (graham cracker)

50 g / 2 oz / ½ kop malede mandler

100 g / 4 oz / ½ kop pulveriseret sukker (superfint)

100 g / 4 oz / ½ kop smør eller margarine, smeltet

Til fyldet:

900 g / 2 lb / 4 kopper flødeost

225 g / 8 oz / 1 kop pulveriseret sukker (superfint)

5 ml / 1 tsk vaniljeessens (ekstrakt)

175 ml / 6 fl oz / ¾ kop irsk flødelikør

3 æg

Til dressingen:

250 ml / 8 fl oz / 1 kop creme fraiche (mejeri sur)

60ml / 4 spiseskefulde irsk flødelikør

50 g / 2 oz / ¼ kop pulveriseret sukker (superfint)

For at lave bunden skal du blande kiks, mandler og sukker med det smeltede smør eller margarine og trykke ned i bunden og siderne af en 9/23 cm springform.

For at lave fyldet, pisk flødeost og sukker, indtil det er glat. Tilsæt essensen af vanilje og spiritus. Bland gradvist æggene i. Hæld i bunden og bag i en forvarmet ovn ved 180°C/350°F/gasmærke 4 i 40 minutter.

For at lave overtræk, pisk fløde, likør og sukker, indtil det er tykt. Hæld toppen af cheesecaken og fordel jævnt. Sæt cheesecaken tilbage i ovnen i 5 minutter mere. Lad afkøle, og køl derefter af inden servering.

Amerikansk citron- og valnøddecheesecake

Laver en 20 cm / 8 tommer kage

Til basen:

225 g / 8 oz / 2 kopper digestive cracker krummer (graham cracker)

25 g / 1 oz / 2 spsk pulveriseret sukker (superfint)

5 ml / 1 tsk stødt kanel

50 g / 2 oz / ¼ kop smør eller margarine, smeltet

Til fyldet:

2 æg, adskilt

100 g / 4 oz / ½ kop pulveriseret sukker

350 g / 12 oz / 1½ kopper hel blød ost

revet skal og saft af 1 citron

150 ml / ¼ pt / 2/3 kop dobbelt creme (tung)

25 g / 1 oz / ¼ kop hakkede blandede nødder

For at lave bunden, tilsæt krummer, sukker og kanel til smørret eller margarinen. Tryk ind i bunden og siderne af en 20 cm / 8-tommer løsbundet cremeform (form). Fedt nok.

For at lave fyldet, pisk æggeblommer og sukker, indtil det er tykt. Tilsæt ost, citronskal og saft. Pisk fløden stiv og kom den derefter i blandingen. Pisk æggehviderne stive, og vend dem derefter ind i blandingen. Hæld i bunden og bag i en forvarmet ovn ved 160°C / 325°F / gasmærke 3 i 45 minutter. Drys med nødderne og sæt tilbage i ovnen i yderligere 20 minutter. Sluk ovnen og lad cheesecaken køle af i ovnen, og køl derefter af inden servering.

orange cheesecake

Laver en 23 cm / 9 tommer kage

Til basen:

100 g / 4 oz / 1 kop knuste wafers (cookies)

2,5 ml / ½ tsk stødt kanel

15 ml / 1 spsk æggehvide

Til fyldet:

450 g / 1 lb / 2 kopper hytteost

225 g / 8 oz / 1 kop flødeost

75 g / 3 oz / 1/3 kop pulveriseret (superfint) sukker

15 ml / 1 spsk almindeligt mel (alle formål)

30 ml / 2 spsk appelsinjuice

10 ml / 2 tsk revet appelsinskal

5 ml / 1 tsk vaniljeessens (ekstrakt)

1 stor appelsin, skåret i stykker og uden hinde

100 g / 4 oz jordbær, skåret i skiver

For at lave bunden, bland de skorpede vafler og kanel sammen. Pisk æggehviderne til skum, og bland derefter krummerne i. Tryk blandingen ind i bunden af en løsbundet 23 cm / 9-tommer bradepande (form). Bages i en forvarmet ovn ved 180°C/350°F/gasmærke 4 i 10 minutter. Tag ud af ovnen og lad afkøle. Reducer ovntemperaturen til 150°C/300°F/gasmærke 2.

For at lave fyldet skal du blande oste, sukker, mel, appelsinjuice og skal og vaniljeessens sammen til en jævn masse. Hæld over bunden og bag i den forudindstillede ovn i 35 minutter, indtil den er stivnet. Lad afkøle, og køl derefter, indtil det er sat. Pynt med appelsiner og jordbær.

Ricotta cheese kage

Laver en 23 cm / 9 tommer kage

Til basen:

25 g / 1 oz / 2 spsk pulveriseret sukker (superfint)

5 ml / 1 tsk revet citronskal

100 g / 4 oz / 1 kop almindeligt mel (alle formål)

Et par dråber vaniljeessens (ekstrakt)

1 æggeblomme

25 g / 1 oz / 2 spsk smør eller margarine

Til dressingen:

750 g / 1½ lb / 3 kopper ricottaost

225 g / 8 oz / 1 kop pulveriseret sukker (superfint)

120 ml / 4 fl oz / ½ kop dobbelt creme (tung)

45 ml / 3 spsk almindeligt mel (alle formål)

5 ml / 1 tsk vaniljeessens (ekstrakt)

5 æg, adskilt

150 g / 5 oz hindbær eller jordbær

For at lave bunden, pisk sukker, citronskal og mel og tilsæt derefter vaniljeessens, æggeblomme og smør eller margarine. Fortsæt med at piske indtil blandingen danner en dej. Tryk halvdelen af dejen i en smurt 23 cm/9 springform (form) og bag i en forvarmet ovn ved 200°C/400°F/gasmærke 6 i 8 minutter. Reducer ovntemperaturen til 180°C/350°F/gasmærke 4. Lad afkøle, og tryk derefter den resterende dej rundt om siderne af panden.

For at lave toppingen piskes ricottaosten, indtil den er cremet. Tilsæt sukker, fløde, mel, vaniljeessens og æggeblommer. Pisk æggehviderne stive, og vend dem derefter ind i blandingen. Hæld i bunden og bag i den forvarmede ovn i 1 time. Lad afkøle i dåsen, og køl derefter af, inden du lægger frugten ovenpå til servering.

Lagdelt bagt ost og cremefraiche cheesecake

Laver en 23 cm / 9 tommer kage

50 g / 2 oz / ¼ kop smør eller margarine, blødgjort

50 g / 2 oz / ¼ kop pulveriseret sukker (superfint)

1 æg

350 g / 12 oz / 3 kopper almindeligt mel (alle formål)

Til fyldet:

675 g / 1½ lb / 3 kopper flødeost

15 ml / 1 spsk citronsaft

5 ml / 1 tsk revet citronskal

175 g / 6 oz / ¾ kop pulveriseret sukker (superfint)

3 æg

250 ml / 8 fl oz / 1 kop creme fraiche (mejeri sur)

5 ml / 1 tsk vaniljeessens (ekstrakt)

For at lave bunden, flød smør eller margarine og sukker sammen, indtil det er let og luftigt. Pisk gradvist ægget i, og vend derefter melet i for at lave en dej (pasta). Rul ud og brug til at beklæde en smurt 23 cm/9" kageform og bag i en forvarmet ovn ved 220°C/425°F/gasmærke 7 i 5 minutter.

For at lave fyldet blandes flødeost, citronsaft og skal sammen. Reserver 30 ml / 2 spsk sukker, og bland derefter resten i osten. Tilsæt gradvist æggene, og hæld derefter blandingen i bunden. Bag i den forvarmede ovn i 10 minutter, reducer derefter ovntemperaturen til 150°C/300°F/gasmærke 2 og bag i yderligere 30 minutter. Bland cremefraiche, reserveret sukker og vaniljeessens. Hæld over kagen og sæt tilbage i ovnen og bag i yderligere 10 minutter. Lad afkøle, og køl derefter af inden servering.

Let bagt cheesecake med sultanas

Laver en 18 cm / 7 tommer kage

75 g / 3 oz / 1/3 kop smør eller margarine, smeltet

100 g / 4 oz / 1 kop havregryn

50 g / 2 oz / 1/3 kop sultanas (gyldne rosiner)

Til fyldet:
50 g / 2 oz / ¼ kop smør eller margarine, blødgjort

250 g / 9 oz / generøs 1 kop kvark

2 æg

25 g / 1 oz / 3 spsk sultanas (gyldne rosiner)

25 g / 1 oz / ¼ kop malede mandler

Saft og skal af 1 citron

45 ml / 3 spsk almindelig yoghurt

Bland smør eller margarine, havre og rosiner. Tryk ind i bunden af en smurt 18 cm / 7 i kageform og bag i en forvarmet ovn ved 180 °C / 350 °F / gasmærke 4 i 10 minutter. Bland ingredienserne til fyldet og læg dem på bunden. Bages i 45 minutter mere. Lad den køle af i formen, inden den tages ud.

Let bagt vanilje cheesecake

Laver en 23 cm / 9 tommer kage

175 g / 6 oz / 1½ kopper fordøjelses-cracker-krummer (graham-cracker)

225 g / 8 oz / 1 kop pulveriseret sukker (superfint)

5 æggehvider

50 g / 2 oz / ¼ kop smør eller margarine, smeltet

225 g / 8 oz / 1 kop flødeost

225 g / 8 oz / 1 kop hytteost

120 ml / 4 fl oz / ½ kop mælk

30 ml / 2 spsk almindeligt mel (alle formål)

5 ml / 1 tsk vaniljeessens (ekstrakt)

en knivspids salt

Bland småkagekrummerne og 50 g / 2 oz / ¼ kop sukker sammen. Pisk en æggehvide let og bland den i smør eller margarine, og bland derefter i småkagekrummeblandingen. Pres ind i bunden og siderne af en 23 cm / 9-tommer løsbundet cremeform (pande) og stil til side.

For at lave fyldet, pisk flødeost og hytteost sammen, og tilsæt derefter det resterende sukker, mælk, mel, vaniljeessens og salt. Pisk de resterende æggehvider stive, og vend dem derefter i blandingen. Hæld i bunden og bag i en forvarmet ovn ved 180°C/350°F/gasmærke 4 i 1 time, indtil den er sat i midten. Lad den køle af i formen i 30 minutter, før den overføres til en rist for at afslutte afkølingen. Stil på køl indtil servering.

Bagt hvid chokolade cheesecake

Laver en 18 cm / 7 tommer kage

225 g / 8 oz / 2 kopper naturlig (halvsød) chokoladefordøjelseskagekrummer (graham cracker)

50 g / 2 oz / ¼ kop smør eller margarine, smeltet

300 g / 11 oz / 2¾ kopper hvid chokolade

400 g / 14 oz / 1¾ kopper flødeost

150 ml / ¼ pt / 2/3 kop creme fraiche (sur)

2 æg, let pisket

5 ml / 1 tsk vaniljeessens (ekstrakt)

Bland småkagekrummerne med smør eller margarine og tryk i bunden af en 7-tommer løsbundet kageform. Smelt den hvide chokolade i en varmefast skål placeret over en gryde med kogende vand. Tag af varmen og tilsæt flødeost, fløde, æg og vaniljeessens. Fordel blandingen på bunden og niveller toppen. Bages i en forvarmet ovn ved 160°C/325°F/gasmærke 3 i 1 time, indtil den er fast at røre ved. Lad afkøle i dåsen.

Hvid chokolade og hasselnødde cheesecake

Laver en 23 cm / 9 tommer kage

225 g / 8 oz chokolade wafer cookies (cookies)

100 g / 4 oz / 1 kop malede hasselnødder

30 ml / 2 spsk blødt brun farin

5 ml / 1 tsk stødt kanel

225 g / 8 oz / 1 kop smør eller margarine

450 g / 1 lb / 4 kopper hvid chokolade

900 g / 2 lb / 4 kopper flødeost

4 æg

1 æggeblomme

5 ml / 1 tsk vaniljeessens (ekstrakt)

Kværn eller knus vaflerne og bland med halvdelen af hasselnødderne, sukker og kanel. Reserver 45 ml / 3 spiseskefulde af blandingen til dækning. Smelt 90 ml / 6 spsk smør eller margarine og bland i den resterende waferblanding. Pres ned i bunden og siderne af en smurt 23 cm løs bundform (pande) og afkøl, mens du laver fyld.

Smelt chokoladen i en varmefast skål placeret over en gryde med kogende vand. Fjern fra varmen og lad afkøle lidt. Pisk osten let og luftig. Tilsæt gradvist æg og æggeblomme, og tilsæt derefter det resterende smør og smeltet chokolade. Tilsæt vaniljeessens og de resterende hasselnødder og pisk til en jævn masse. Hæld fyldet i krummebunden. Bages i en forvarmet ovn ved 150°C/300°F/gasmærke 2 i 1¼ time. Drys toppen med den reserverede wafer cookie mix og valnødder og sæt tilbage i ovnen i 15 minutter mere. Lad afkøle, og køl derefter af inden servering.

Hvid chokolade wafer cheesecake

Laver en 23 cm / 9 tommer kage

225 g / 8 oz chokolade wafer cookies (cookies)

30 ml / 2 spsk pulveriseret sukker (superfint)

5 ml / 1 tsk stødt kanel

225 g / 8 oz / 1 kop smør eller margarine

450 g / 1 lb / 4 kopper hvid chokolade

900 g / 2 lb / 4 kopper flødeost

4 æg

1 æggeblomme

5 ml / 1 tsk vaniljeessens (ekstrakt)

Kværn eller knus vaflerne og bland med sukker og kanel. Sæt 45 ml / 3 spiseskefulde af blandingen til side til at dække. Smelt 90 ml / 6 spsk smør eller margarine og bland i den resterende waferblanding. Pres ned i bunden og siderne af en smurt løs bund 23 cm cremeform (pande) og afkøl.

For at lave fyldet, smelt chokoladen i en varmefast skål placeret over en gryde med kogende vand. Fjern fra varmen og lad afkøle lidt. Pisk osten let og luftig. Tilsæt gradvist æg og æggeblomme, og tilsæt derefter det resterende smør og smeltet chokolade. Tilsæt vaniljeessens og pisk til det er glat. Hæld fyldet i krummebunden. Bages i en forvarmet ovn ved 150°C/300°F/gasmærke 2 i 1¼ time. Drys toppen med reserveret waferblanding og returner til ovnen i 15 minutter mere. Lad afkøle, og køl derefter af inden servering.

Brudt masse

Mørdej (basic pie crust) er den mest alsidige dej (pasta) og kan bruges til alle slags anvendelser, hovedsageligt tærter og kager. Den bages typisk ved 200°C/400°F/gasmærke 6.

Giver 350 g / 12 oz

225 g / 8 oz / 2 kopper almindeligt mel (alle formål)

2,5 ml / ½ tsk salt

50 g / 2 oz / ¼ kop spæk (ghee)

50 g / 2 oz / ½ kop smør eller margarine

30–45 ml / 2–3 spiseskefulde koldt vand

Bland mel og salt i en skål, og gnid derefter spæk og smør eller margarine sammen, indtil blandingen ligner brødkrummer. Drys vandet jævnt over blandingen, og bland det derefter med en rundbladet kniv, indtil dejen begynder at danne store klumper. Tryk forsigtigt sammen med fingrene, indtil dejen danner en kugle. Rul ud på en let meldrysset overflade, til den er glat, men overhånd ikke. Pakk ind i husholdningsfilm (plastfolie) og stil på køl i 30 minutter før brug.

mørdej med olie

I lighed med mørdej (basic pie crust), er denne mere smuldrende og bør bruges, så snart den er færdig. Den bages typisk ved 200°C/400°F/gasmærke 6.

Giver 350 g / 12 oz

75 ml / 5 spiseskefulde olie

65 ml / 2½ fl oz / 4½ spsk koldt vand

225 g / 8 oz / 2 kopper almindeligt mel (alle formål)

en knivspids salt

Pisk olie og vand i en skål, indtil det er blandet. Tilsæt gradvist mel og salt, bland med en rund kniv, indtil der dannes en dej. Læg på en let meldrysset overflade og ælt forsigtigt, indtil den er glat. Pakk ind i husholdningsfilm (plastfolie) og stil på køl i 30 minutter før brug.

rig mørdej

Den bruges til søde tærter og cremecreme, da den er rigere end almindelig mørdej (basistærtedej). Den bages typisk ved 200°C/400°F/gasmærke 6.

Giver 350 g / 12 oz

150 g / 5 oz / 1¼ kopper almindeligt mel (alle formål)

en knivspids salt

75 g / 3 oz / 1/3 kop usaltet smør eller margarine (sød)

1 æggeblomme

10 ml / 2 tsk pulveriseret sukker (superfint)

45-60 ml / 3-4 spsk koldt vand

Bland mel og salt i en skål, og gnid derefter smør eller margarine i, indtil blandingen minder om brødkrummer. Pisk æggeblomme, sukker og 10 ml / 2 tsk vand i en lille skål, bland derefter i melet med en rund kniv, tilsæt lige nok ekstra vand til at lave en jævn dej. Tryk til en kugle, vend ud til en let meldrysset overflade og ælt forsigtigt, indtil den er glat. Pakk ind i husholdningsfilm (plastfolie) og stil på køl i 30 minutter før brug.

amerikansk smørdej

En klistret butterdej (pasta), der giver en sprødere finish, ideel til brug med frugt. Den bages typisk ved 200°C/400°F/gasmærke 6.

Giver 350 g / 12 oz

175 g / 6 oz / ¾ kop smør eller margarine, blødgjort

225 g / 8 oz / 2 kopper selvhævende mel (gær)

2,5 ml / ½ tsk salt

45 ml / 3 spsk koldt vand

Pisk smør eller margarine, indtil det er blødt. Tilsæt gradvist mel, salt og vand og bland indtil du får en klistret dej. Dæk med husholdningsfilm (plastfolie) og stil på køl i 30 minutter. Fordel mellem plader let meldrysset bagepapir.

ostebrød

En mørdej (pasta) til salte tærter eller bagværk. Den bages typisk ved 200°C/400°F/gasmærke 6.

Giver 350 g / 12 oz

100 g / 4 oz / 1 kop almindeligt mel (alle formål)

en knivspids salt

en knivspids cayennepepper

50 g / 2 oz / ¼ kop smør eller margarine

50 g / 2 oz / ½ kop revet cheddarost

1 æggeblomme

30 ml / 2 spsk koldt vand

Bland mel, salt og cayennepeber i en skål, og gnid derefter smør eller margarine i, indtil blandingen ligner brødkrummer. Tilsæt osten og bland derefter æggeblommen og nok vand til at lave en fast dej. Læg den på en let meldrysset overflade og ælt forsigtigt, indtil den er blandet. Pakk ind i husholdningsfilm (plastfolie) og stil på køl i 30 minutter før brug.

choux wienerbrød

En let pasta (pasta), der svulmer op til tre gange størrelsen uden at bage under tilberedningen. Ideel til kager og flødebagværk. Den bages typisk ved 200°C/400°F/gasmærke 6.

Giver 350 g / 12 oz

50 g / 2 oz / ¼ kop usaltet smør (sødt)

150 ml / ¼ pt / 2/3 kop mælk og vand i lige store mængder, blandet

75 g / 3 oz / 1/3 kop almindeligt mel (alle formål)

2 æg, let pisket

Smelt smørret i mælken og vandet i en gryde ved svag varme. Bring hurtigt i kog, fjern fra varmen. Hæld alt melet i og pisk indtil blandingen kommer væk fra siderne af gryden. Afkøl let. Tilsæt æggene lidt efter lidt, lidt ad gangen, til blandingen er glat og blank.

Butterdej

Butterdej (pasta) bruges til delikat bagværk som f.eks flødehorn. Det bør kun gøres under kølige forhold. Den bages typisk ved 220°C/425°F/gasmærke 7.

Giver 450 g / 1 pund

225 g / 8 oz / 2 kopper almindeligt mel (alle formål)

2,5 ml / ½ tsk salt

75 g / 3 oz / 1/3 kop spæk (vegetabilsk fedtstof)

75 g / 3 oz / 1/3 kop smør eller margarine

5 ml / 1 tsk citronsaft

100 ml / 3½ fl oz / 6½ spiseskefulde isvand

Bland mel og salt i en skål. Bland svinefedt og smør eller margarine, form derefter til en blok og skær i kvarte. Gnid en fjerdedel af fedtstoffet ind i melet, indtil blandingen minder om brødkrummer. Tilsæt citronsaft og nok vand til at blive en jævn dej med en rund kniv. Dæk med husholdningsfilm (plastfolie) og stil på køl i 20 minutter.

Rul dejen ud på en let meldrysset overflade, indtil den er cirka 5 mm / ¼ tomme tyk. Hak den næste fede fjerdedel og drys to tredjedele af dejen, efterlad et hul rundt om kanten. Fold den smurte tredjedel af dejen over fedtet, og fold derefter den smurte tredjedel over det. Tryk rundt om alle sømme med fingrene for at forsegle. Dæk med husholdningsfilm og stil på køl i 20 minutter.

Læg dejen på overfladen med sømmen til højre. Fordel som før, og drys derefter med den tredje fjerdedel af fedtet. Fold, forsegl og afkøl som før.

Læg dejen på overfladen med sømmen til venstre. Fordel som før, og drys derefter med den sidste fjerdedel af fedtet. Fold, forsegl og afkøl som før.

Rul dejen ud til en tykkelse på 5 mm / ¼ tomme og fold igen. Dæk med husholdningsfilm og stil på køl i 20 minutter før brug.

Butterdej

Butterdej (pasta) skal hæve cirka seks gange højden, når den er bagt og kan bruges til alle slags lette kager, der kræver en luftig dej. Den bages typisk ved 230°C/450°F/gasmærke 8.

Giver 450 g / 1 pund

225 g / 8 oz / 2 kopper almindeligt mel (alle formål)

5 ml / 1 tsk salt

225 g / 8 oz / 1 kop smør eller margarine

2,5 ml / ½ tsk citronsaft

150 ml / ¼ pt / 2/3 kop iskoldt vand

Bland mel og salt i en skål. Skær 50 g / 2 oz / ¼ kop smør eller margarine i stykker, og gnid dem derefter med melet, indtil blandingen ligner brødkrummer. Tilsæt citronsaft og vand og bland med en rund kniv til det er glat. Vend dejen ud på en let meldrysset overflade og ælt forsigtigt til den er glat. Form til en kugle og skær et dybt kryds i midten, skær cirka tre fjerdedele af vejen gennem dejen (pastaen). Åbn flapperne og rul dejen, så midten er tykkere end kanterne. Læg resten af smørret eller margarinen i midten af dejen, fold flapperne for at dække den og forsegl kanterne. Rul dejen ud til et 40 x 20 cm / 16 x 8 tommer rektangel, og pas på ikke at lade smørret slippe ud. Fold den nederste tredjedel af dejen mod midten, og fold derefter den øverste tredjedel over den. Tryk kanterne for at forsegle, og giv derefter dejen en kvart omgang. Dæk med husholdningsfilm (plastfolie) og stil på køl i 20 minutter. Gentag rulning, foldning og afkøling 6 gange i alt. Dæk med husholdningsfilm og stil på køl i 30 minutter før brug.

rå butterdej

Nemmere at lave end butterdej (pasta), let i konsistensen, serveres bedst varm frem for kold. Den bages typisk ved 220°C/425°F/gasmærke 7.

Giver 450 g / 1 pund

225 g / 8 oz / 2 kopper almindeligt mel (alle formål)

5 ml / 1 tsk salt

175 g / 6 oz / ¾ kop smør eller margarine, koldt og i tern

5 ml / 1 tsk citronsaft

150 ml / ¼ pt / 2/3 kop iskoldt vand

Bland alle ingredienserne med en rund kniv til en jævn dej. Tænd på en let meldrysset overflade og rul forsigtigt ud til et 30 x 10 cm / 12 x 4 rektangel ca. 2 cm / ¾ tykt. Fold den nederste tredjedel af dejen ind mod midten, derefter den øverste tredjedel ned på toppen. Vend dejen om, så sømmen er til venstre, og forsegl kanterne med fingerspidserne. Rul ud til et lidt større rektangel, ca 1/2 cm tykt. Fold i tredjedele på samme måde, forsegl kanterne og kvart vend dejen. Dæk med husholdningsfilm (plastfolie) og stil på køl i 20 minutter. Gentag dette ved at rulle, folde og dreje i alt fire gange, og køle ned efter hver anden omgang.

pate sucrée

En tynd og sød dej (pasta) med en smeltende tekstur, fremragende til tærter (tærter). Den er typisk blindbagt ved 180°C/350°F/gasmærke 4.

Giver 350 g / 12 oz

100 g / 4 oz / 1 kop almindeligt mel (alle formål)

en knivspids salt

50 g / 2 oz / ¼ kop smør eller margarine, blødgjort

50 g / 2 oz / ¼ kop pulveriseret sukker (superfint)

2 æggeblommer

Sigt mel og salt på en kølig arbejdsflade og lav en brønd i midten. Placer smør eller margarine, sukker og æggeblommer i midten og arbejd sammen, mens du gradvist arbejder ind i melet med fingerspidserne, indtil du har en glat, glat dej. Dæk til med husholdningsfilm (plastfolie) og stil på køl i 30 minutter før brug.

Fløde Choux boller

Gør 16

50 g / 2 oz / ¼ kop usaltet smør (sødt)

150 ml / ¼ pt / 2/3 kop mælk og vand i lige store mængder, blandet

75 g / 3 oz / 1/3 kop almindeligt mel (alle formål)

2 sammenpisket æg

150 ml / ¼ pt / 2/3 kop dobbelt creme (tung)

Pulveriseret (konditor) sukker, sigtet, til afstøvning

Smelt smørret med mælk og vand i en gryde, og bring det derefter i kog. Fjern fra varmen, hæld alt mel i og pisk indtil blandingen løsner sig fra siderne af gryden. Tilsæt gradvist æggene lidt ad gangen, indtil de lige er blandet. Hæld eller hæld dejen over på en fugtet bageplade og bag den i en forvarmet ovn ved 200°C/400°F/gasmærke 6 i 20 minutter, afhængigt af størrelsen, indtil den er gyldenbrun. Lav en slids i siden af hver tærte for at lade damp slippe ud, og lad derefter køle af på en rist. Pisk fløden stiv, og rør den derefter ind i midten af chouxbollerne. Server drysset med flormelis.

Mandarinpuster med ost

Gør 16

Til dejen (pastaen):

50 g / 2 oz / ¼ kop smør

150 ml / ¼ pt / 2/3 kop vand

75 g / 3 oz / ¾ kop almindeligt mel (alle formål)

2 sammenpisket æg

Til fyldet:

300 ml / ½ pt / 1¼ kopper dobbelt creme (tung)

75 g / 3 oz / ¾ kop cheddarost, revet

10 ml / 2 tsk appelsinlikør

300 g / 11 oz / 1 medium dåse mandarin appelsiner, drænet

Smelt smørret med vandet i en gryde og bring det derefter i kog. Fjern fra varmen, hæld alt mel i og pisk indtil blandingen løsner sig fra siderne af gryden. Tilsæt æggene lidt ad gangen, lidt ad gangen, indtil de lige er blandet. Hæld eller hæld dejen over på en fugtet bageplade og bag den i en forvarmet ovn ved 200°C/400°F/gasmærke 6 i 20 minutter, afhængigt af størrelsen, indtil den er gyldenbrun. Lav en slids i siden af hver tærte for at lade damp slippe ud, og lad derefter køle af på en rist.

Pisk halvdelen af fløden stiv, og tilsæt derefter ost og likør. Tilsæt choux puffs og pres et par mandarin appelsiner i hver. Læg kuglerne på et stort fad og server med den resterende creme.

chokolade eclair

10 siden

225 g / 8 oz choux wienerbrød

Til fyldet:

150 ml / ¼ pt / 2/3 kop dobbelt creme (tung)

5 ml / 1 tsk pulveriseret (superfint) sukker

5ml / 1 tsk flormelis (konditorer) sukker

Et par dråber vaniljeessens (ekstrakt)

Til saucen:

50 g / 2 oz / ½ kop almindelig (halvsød) chokolade

15 g / ½ oz / 1 spsk smør eller margarine

20 ml / 4 teskefulde vand

25 g / 1 oz / 3 spiseskefulde flormelis (konditorers) sukker

Hæld dejen i en kagepose udstyret med en glat ¾ / 2 cm dyse og sprøjt i 10 stykker på en let smurt bageplade med god afstand fra hinanden. Bages i en forvarmet ovn ved 190°C/375°F/gasmærke 5 i 30 minutter, indtil éclairerne er godt sat og gyldne. Læg den på en rist og skær den ene side af for at lade dampen slippe ud. Lad afkøle.

For at lave fyldet piskes fløden med sukker og vaniljeessens. Hæld i éclairs.

For at lave saucen, smelt chokolade, smør eller margarine og vand i en lille gryde ved svag varme under konstant omrøring. Pisk flormelis og fordel over toppen af éclairs.

profitroler

20 siden

225 g / 8 oz choux wienerbrød

Til fyldet:

150 ml / ¼ pt / 2/3 kop dobbelt creme (tung)

5 ml / 1 tsk pulveriseret (superfint) sukker

5ml / 1 tsk flormelis (konditorer) sukker

Et par dråber vaniljeessens (ekstrakt)

Til saucen:

50 g / 2 oz / ½ kop almindelig (halvsød) chokolade, revet

25 g / 1 oz / 2 spsk pulveriseret sukker (superfint)

300 ml / ½ pt 1¼ kopper mælk

15 ml / 1 spsk majsmel (majsstivelse)

Et par dråber vaniljeessens (ekstrakt)

Hæld dejen over i en sprøjtepose udstyret med en almindelig ¾ / 2 cm dyse (spids) og læg ca. 20 kugler på en let smurt bageplade med god afstand fra hinanden. Bages i en forvarmet ovn ved 190°C / 375°F / gasmærke 5 i 25 minutter, indtil profiterolerne er godt hævede og gyldne. Læg dem på en rist og skær hver enkelt i skiver for at lade dampen slippe ud. Lad afkøle.

For at lave fyldet piskes fløden med sukker og vaniljeessens. Hæld i profiterolerne. Anret dem i en høj bunke på en tallerken.

For at lave saucen, læg chokoladen og sukkeret i en skål med alt undtagen 15 ml / 1 spsk mælk. Bland den reserverede mælk med majsstivelsen. Opvarm mælk, chokolade og sukker ved lav varme, indtil chokoladen er smeltet, rør af og til. Tilsæt majsmelblandingen og bring det i kog. Kog i 3 minutter under omrøring. Tilsæt essensen af vanilje. Si over i en varm kande. Hæld den varme sauce over profiterolerne, eller lad den køle af og hæld derefter over dejen.

Mandel- og ferskenmørdej

Laver en 23 cm / 9 tommer kage

250 g / 12 oz butterdej

225 g / 8 oz / 2 kopper malede mandler

175 g / 6 oz / ¾ kop pulveriseret sukker (superfint)

2 æg

5 ml / 1 tsk citronsaft

15 ml / 1 spsk Amaretto

1 pund / 450 g ferskner, udstenede (udstenede) og skåret i halve

Superfint (ekstrafint) sukker til aftørring

50 g / 2 oz / ½ kop mandler i flager (skåret i skiver)

Rul dejen ud på en let meldrysset overflade til to rektangler på ca. ¼ / 5 mm tykke. Læg en på en fugtet bageplade. Bland de formalede mandler, sukker, et æg, citronsaft og Amaretto og bland indtil du får en pasta. Rul pastaen ud til et rektangel af tilsvarende størrelse og læg ovenpå dejen. Læg ferskerne med snitsiden nedad oven på mandelmassen. Skil det resterende æg ad og pensl kanterne af dejen med lidt pisket blomme. Fold det resterende rektangel af dejen i to på langs. Skær slidser hver 1 cm / ½ tomme fra folden til 1 cm / ½ tomme fra den modsatte kant. Fold dejen ud og læg den over ferskerne, tryk på kanterne for at forsegle. Fluit kanterne med en kniv. Lad afkøle i 30 minutter. Pensl med den resterende piskede blomme og bag i en forvarmet ovn ved 220°C / 425°F / gasmærke 7 i 20 minutter, indtil den er godt hævet. Pensl med æggehviden, dryp med flormelis og drys med de flagede mandler. Sæt den tilbage i ovnen i 10 minutter mere, indtil den er gylden.

Æble vindmøller

Gør 6

225 g / 8 oz butterdej

1 stort æble til at spise (dessert)

15 ml / 1 spsk citronsaft

30 ml / 2 spsk abrikosmarmelade (konserves), sigtet (sigtet)

15 ml / 1 spsk vand

Rul dejen ud og skær i 13 cm firkanter. Lav fire snit på 5 cm / 2 tommer på de diagonale linjer på kagefirkanterne fra kanten mod midten. Fugt midten af firkanterne og tryk et punkt fra hvert hjørne mod midten for at lave en vindmølle. Skræl, udkern og skær æblet i tynde skiver og tilsæt citronsaft. Arranger æbleskiverne i midten af vindmøllerne og bag dem i en forvarmet ovn ved 220°C/425°F/gasmærke 7 i 10 minutter, indtil de er hævede og gyldne. Varm marmeladen op med vandet, indtil den er godt blandet, fordel derefter æbler og frosting. Lad afkøle.

fløde horn

10 siden

450g / 1lb butterdej eller butterdej

1 æggeblomme

15 ml / 1 spsk mælk

300 ml / ½ pt / 1¼ kopper dobbelt creme (tung)

50 g / 2 oz / 1/3 kop flormelis (konditorsukker), sigtet, plus ekstra til aftørring

Rul dejen ud til et 50 x 30 cm / 20 x 12 tommer rektangel, trim kanterne og skær derefter på langs i 2,5 cm / 1 tommers strimler. Bland æggeblommen med mælken og pensl dejen forsigtigt med blandingen, og sørg for, at der ikke klæber æg til bunden af dejen eller klæber til formene. Spiral hver strimmel rundt om en metalhornform, der overlapper kanterne på dejstrimlerne. Pensl igen med blomme og mælk og læg på en bageplade (til småkager) ende nedad. Bages i en forvarmet ovn ved 200°C/400°F/gasmærke 6 i 15 minutter, indtil de er gyldenbrune. Lad afkøle i 3 minutter, og fjern derefter formene fra dejen, mens den stadig er varm. Lad afkøle. Pisk fløden med flormelis til den er stiv, hæld derefter i flødehornene. Drys med lidt mere flormelis.

feuilleté

Gør 6

225 g / 8 oz butterdej

100 g hindbær

120 ml / 4 fl oz / ½ kop dobbelt creme (tung)

60 ml / 4 spsk flormelis (konfekture)

et par dråber vand

Et par dråber rød farve.

Rul dejen ud til en tykkelse på 5 mm / ¼ på en let meldrysset overflade og anret kanterne til et rektangel. Anbring på en usmurt (småkage) bageplade og bag i en forvarmet ovn ved 220°C/425°F/gasmærke 7 i 10 minutter, indtil den er godt hævet og gylden. Lad afkøle.

Skær dejen vandret i to lag. Vask, afdryp og tør frugten forsigtigt. Pisk fløden stiv. Spred ud på det nederste lag af dejen, top med frugt, og læg derefter det øverste lag af dejen ovenpå. Kom flormelis i en skål og tilsæt gradvist nok vand til at lave en tyk glasur. Fordel det meste af frostingen over toppen af kagen. Farv resten af frostingen med lidt madfarve, tilsæt lidt mere flormelis, hvis den bliver for flydende. Rør eller dryp i streger over den hvide glasur, før derefter en cocktailhakke (tandstikker) gennem stregerne for at skabe en fjereffekt. Server straks.

Ricotta fyldte tærter

Gør 16

350 g / 12 oz butterdej

1 æggehvide

10 ml / 2 tsk pulveriseret sukker (superfint)

Til fyldet:

150 ml / ¼ pt / 2/3 kop dobbelt (tung) eller piskefløde

100 g / 4 oz / ½ kop ricotta ost

30 ml / 2 spsk pulveriseret sukker (superfint)

45 ml / 3 spsk hakket blandet skal

Flormelis (konditor) til aftørring

Rul dejen (pastaen) tyndt ud på en let meldrysset overflade og skær den i fire cirkler på 18 cm. Skær hver cirkel i kvarte, læg den på en let smurt bageplade og stil på køl i 30 minutter.

Pisk æggehviden til skummende, og tilsæt derefter sukkeret. Pensl på dejen og bag i en forvarmet ovn i 10 minutter, indtil den lige er hævet og gyldenbrun. Overfør til en rist og skær i trekanter for at placere fyldet med en ske. Lad afkøle.

For at lave fyldet piskes fløden stiv. Blødgør ricottaen i en skål, og tilsæt derefter fløde, sukker og frugt. Hæld eller hæld fyldet i kagerne og server straks, drysset med flormelis.

pekannødder

18 siden

200 g / 7 oz / 1¾ kopper valnødder, groft malet

75 g / 3 oz / 1/3 kop pulveriseret (superfint) sukker

30 ml / 2 spsk anislikør eller Pernod

25 g / 1 oz / 2 spsk smør eller margarine, blødgjort

450 g / 1 lb butterdej

1 sammenpisket æg

Bland nødder, sukker, spiritus og smør eller margarine. Rul dejen (pastaen) ud på en let meldrysset overflade til et 60 x 30 cm / 24 x 12 tommer rektangel (eller du kan rulle halvdelen af dejen ud ad gangen). Skær i 18 firkanter og del nøddeblandingen mellem firkanterne. Pensl kanterne af firkanterne med sammenpisket æg, fold og forsegl til en pølseform med sømmen nedenunder og sno enderne sammen som et slikpapir. Læg dem på en smurt bageplade (til småkager) og pensl med sammenpisket æg. Bages i forvarmet ovn ved 230°C/450°F/gasmærke 8 i 10 minutter, indtil de er hævede og gyldne. Spis varmt den dag, de er bagt.

danske kager

Giver 450 g / 1 pund

450 g / 1 lb / 4 kopper almindeligt mel (alle formål)

5 ml / 1 tsk salt

25 g / 1 oz / 2 spsk pulveriseret sukker (superfint)

5 ml / 1 tsk stødt kardemomme

50 g / 2 oz frisk gær eller 75 ml / 5 spsk tørgær

250 ml / 8 fl oz / 1 kop mælk

1 sammenpisket æg

300 g / 10 oz / 1¼ kopper smør, skåret i skiver

Sigt mel, salt, sukker og kardemomme i en skål. Pisk gæren med lidt mælk og bland med melet med den resterende mælk og ægget. Bland til en dej og ælt til den er glat og blank.

Rul dejen (pastaen) ud på en let meldrysset overflade til et rektangel på 56 x 30 cm / 22 x 12 tommer cirka 1 cm / ½ tomme tykt. Arranger smørskiverne over den midterste tredjedel af dejen, og efterlad et hul rundt om kanterne. Fold en tredjedel af dejen over for at dække smørret, og fold derefter den resterende tredjedel over. Tryk enderne sammen med fingerspidserne, og køl derefter i 15 minutter. Rul ud igen til samme størrelse, fold i tredjedele og lad afkøle i 15 minutter. Gentag processen endnu en gang. Kom dejen i en meldrysset plastikpose og lad den hvile i 15 minutter inden brug.

Dansk Fødselsdagskringle

Serverer 8

50 g / 2 oz frisk gær

50 g / 2 oz / ¼ kop granuleret sukker

450 g / 1 lb / 4 kopper almindeligt mel (alle formål)

250 ml / 8 fl oz / 1 kop mælk

1 æg

200 g / 7 oz / sparsomt 1 kop smør, koldt og skåret i skiver

Til fyldet:

100 g / 4 oz / 1 kop hakkede mandler

100 g / 4 oz / ½ kop smør eller margarine

100 g / 4 oz / ½ kop pulveriseret sukker (superfint)

Pisket æg til glasur

25 g / 1 oz / ¼ kop blancherede mandler, groft hakkede

15 ml / 1 spsk demerara sukker

Pisk gæren med sukkeret. Kom melet i en skål. Pisk mælken og ægget og tilsæt melet med gæren. Bland indtil du får en dej, dæk til og lad det stå et koldt sted i 1 time. Rul dejen (pastaen) ud til 56 x 30 cm / 22 x 12 tommer. Sprøjt smørret ind i den midterste tredjedel af dejen, undgå kanterne. Fold en tredjedel af dejen over smørret, fold derefter den anden tredjedel og tryk kanterne sammen. Lad afkøle i 15 minutter. Stræk, fold og afkøl tre gange mere.

Bland de resterende ingredienser, undtagen æg, mandler og sukker, til det er glat.

Rul dejen ud til en lang strimmel ca 3 mm tyk og 10 cm bred. Fordel fyldet ned i midten, fugt kanterne og pres dem sammen over fyldet. Form til en kringleform på en smurt bageplade (til småkager) og lad den hvile i 15 minutter et lunt sted. Pensl med sammenpisket æg og drys med de blancherede mandler og demerarasukker. Bages i en forvarmet ovn ved 230°C/450°F/gasmærke 8 i 15 til 20 minutter, indtil den er hævet og gylden.

Dansk wienerbrødssnegle

Gør 16

100 g / 4 oz / ½ kop usaltet (sødt) smør, blødgjort

60 ml / 4 spsk flormelis (konfekture)

45 ml / 3 spiseskefulde ribs

½ mængde dansk wienerbrød

15 ml / 1 spsk stødt kanel

glaseret glasur

For at lave fyldet, flød smør og flormelis sammen, indtil det er glat, og tilsæt derefter ribs. Rul dejen ud til et rektangel på ca 40 x 15 cm. Smør med smørfyld og drys med kanel. Rul op fra den korte ende for at lave en swiss roll (gelé) form. Skær i 16 skiver og læg på en bageplade. Lad stå et varmt sted i 15 minutter. Bages i en forvarmet ovn ved 230°C/450°F/gasmærke 8 i 10 til 15 minutter, indtil de er gyldenbrune. Lad afkøle og pynt med frosting.

Dansk wienerbrødsfletninger

Gør 16

½ mængde dansk wienerbrød

1 sammenpisket æg

25 g / 1 oz / 3 spiseskefulde ribs

glaseret glasur

Del dejen i seks lige store portioner og form hver til en lang rulle. Fugt enderne af rullerne og pres dem sammen i tre, og vrid derefter stykkerne sammen, og forsegl enderne. Skær i 10 cm / 4 lange stykker og læg på en bageplade. Lad stå et varmt sted i 15 minutter. Pensl med sammenpisket æg og drys med ribs. Bages i en forvarmet ovn ved 230°C/450°F/gasmærke 8 i 10 til 15 minutter, indtil den er godt hævet og gylden. Lad afkøle, og is derefter med glaseret frosting.

Dansk wienerbrød Vindmøller

Gør 16

25 g / 1 oz / ¼ kop malede mandler

25 g / 1 oz / 3 spiseskefulde flormelis (konditorers) sukker

lidt æggehvide

½ mængde dansk wienerbrød

For at lave fyldet skal du male mandler og flormelis sammen og derefter gradvist blande nok æggehvide i til en fast, jævn blanding. Rul dejen ud og skær den i 10 cm firkanter. Skær diagonalt fra hjørnerne til 1 cm / ½ tomme fra midten. Læg en spiseskefuld af fyldet i midten af hver vindmølle, og før derefter fire af hjørnerne til midten som en vindmølle, og tryk på fyldet. Læg på en bageplade (cookies) og lad stå et lunt sted i 15 minutter. Pensl med den resterende æggehvide og bag i en forvarmet ovn ved 230°C/450°F/gasmærke 8 i 10 til 15 minutter, indtil den er hævet og gyldenbrun.

mandelkager

Gør 24

450 g / 1 lb / 2 kopper pulveriseret sukker (superfint)

450 g / 1 lb / 4 kopper malede mandler

6 æg, let pisket

5 ml / 1 tsk vaniljeessens (ekstrakt)

75 g / 3 oz / ¾ kop pinjekerner

Bland sukker, malede mandler, æg og vaniljeessens, indtil det er godt blandet. Hæld i en smurt og foret bageplade på 30 x 23 cm / 12 x 9 og drys med pinjekernerne. Bages i en forvarmet ovn ved 180°C/350°F/gasmærke 4 i 1½ time, indtil den er gyldenbrun og fast at røre ved. Skær i firkanter.

Grundlæggende svampekageetui

Gør en 23 cm / 9 i etui (skal)

2 æg

200 g / 7 oz / sparsom 1 kop pulveriseret (superfint) sukker

5 ml / 1 tsk vaniljeessens (ekstrakt)

150 g / 5 oz / 1¼ kopper almindeligt mel (alle formål)

5 ml / 1 tsk bagepulver

en knivspids salt

120 ml / 4 fl oz / ½ kop mælk

50 g / 2 oz / ¼ kop smør eller margarine

Pisk æg, sukker og vaniljeessens og bland derefter mel, bagepulver og salt. Bring mælk og smør eller margarine i kog i en lille gryde, hæld derefter i kageblandingen og bland godt. Hæld i en smurt 23 cm/9in bradepande (form) og bag i en forvarmet ovn ved 180°C/350°F/gasmærke 4 i 30 minutter, indtil den er let gylden. Sæt på en rist til afkøling.

Mandler kage

Laver en 20 cm / 8 tommer kage

175 g / 6 oz mørdej

Til fyldet:

50 g / 2 oz / ¼ kop smør eller margarine, blødgjort

2 sammenpisket æg

50 g / 2 oz / ½ kop selvhævende mel

75 g / 3 oz / ¾ kop malede mandler

Et par dråber mandelessens (ekstrakt)

45 ml / 3 spsk appelsinjuice

400 g / 14 oz / 1 stor dåse ferskner eller abrikoser, drænet godt

15 ml / 1 spsk mandler i flager (skåret i skiver)

Rul dejen (pastaen) ud og brug den til at beklæde en smurt 20 cm / 8 flanform (form). Prik bunden med en gaffel. Pisk smør eller margarine og æg til det er lyst. Bland gradvist mel, malede mandler, mandelessens og appelsinjuice i. Purér ferskner eller abrikoser i en foodprocessor, eller gnid gennem et dørslag. Fordel puréen over dejen, og hæld derefter mandelblandingen ovenpå. Drys med de flagede mandler og bag dem i en forvarmet ovn ved 190°C/375°F/gasmærke 5 i 40 minutter, indtil de er elastiske at røre ved.

Æble- og appelsinkage fra det 18. århundrede

Laver en 18 cm / 7 tommer kage

Til dejen (pastaen):

100 g / 4 oz / 1 kop almindeligt mel (alle formål)

25 g / 1 oz / 2 spsk pulveriseret sukker (superfint)

50 g / 2 oz / ¼ kop smør eller margarine

1 æggeblomme

Til fyldet:

75 g / 3 oz / 1/3 kop smør eller margarine, blødgjort

75 g / 3 oz / 1/3 kop pulveriseret (superfint) sukker

4 æggeblommer

25 g / 1 oz / 3 spiseskefulde hakket blandet (kandiseret) skal

Revet skal af 1 stor appelsin

1 æble at spise (dessert)

For at lave dejen, bland mel og sukker i en skål, og gnid derefter smør eller margarine i, indtil blandingen ligner brødkrummer. Tilsæt æggeblommerne og bland let, indtil du får en dej. Pakk ind i husholdningsfilm (plastfolie) og stil på køl i 30 minutter før brug. Rul dejen ud og beklæd en 18 cm ring af smurt flan.

For at lave fyldet, fløď smør eller margarine og sukker sammen, indtil det er lyst og luftigt, og bland derefter æggeblommer, blandet skal og appelsinskal sammen. Hæld dejen over dejen. Skræl, udkern og riv æblet og fordel det ud over panden. Bages i en forvarmet ovn ved 180°C/350°F/gasmærke 4 i 30 minutter.

tysk æbletærte

Laver en 20 cm / 8 tommer kage

Til dejen (pastaen):

100 g / 4 oz / 1 kop selvhævende mel

50 g / 2 oz / ¼ kop blødt brun farin

25 g / 1 oz / ¼ kop malede mandler

75 g / 3 oz / 1/3 kop smør eller margarine

5 ml / 1 tsk citronsaft

1 æggeblomme

Til fyldet:

450 g / 1 lb kogende (tærte) æbler, skrællet, udkernet og skåret i skiver

75 g / 3 oz / 1/3 kop blødt brun farin

revet skal af 1 citron

5 ml / 1 tsk citronsaft

Til dressingen:

50 g / 2 oz / ¼ kop smør eller margarine

50 g / 2 oz / ½ kop almindeligt mel (alle formål)

5 ml / 1 tsk stødt kanel

150 g / 5 oz / 2/3 kop blødt brun farin

For at lave dejen, bland mel, sukker og mandler sammen, og gnid derefter smør eller margarine ind, indtil blandingen ligner brødkrummer. Tilsæt citronsaft og æggeblomme og bland til en jævn masse. Tryk ind i bunden af en smurt 20 cm kageform. Bland ingredienserne til fyldet og fordel ud over bunden. For at lave toppingen, gnid smørret eller margarinen ind i melet og kanelen, tilsæt derefter sukkeret og fordel det over fyldet. Bages i en forvarmet ovn ved 180°C/350°F/gasmærke 4 i 1 time, indtil de er gyldenbrune.

æbletærte med honning

Laver en 20 cm / 8 tommer kage

Til dejen (pastaen):

75 g / 3 oz / 1/3 kop smør eller margarine

175 g / 6 oz / 1½ kopper fuldkornshvedemel (fuld hvede)

en knivspids salt

5 ml / 1 tsk lys honning

1 æggeblomme

30 ml / 2 spsk koldt vand

Til fyldet:

900 g / 2 lb kogeæbler (tærte)

30 ml / 2 spsk vand

75 ml / 5 spsk lys honning

revet skal og saft af 1 citron

25 g / 1 oz / 2 spsk smør eller margarine

2,5 ml / ½ tsk stødt kanel

2 spiseæbler (til dessert)

For at lave dejen skal du gnide smør eller margarine ind i melet og saltet, indtil blandingen ligner brødkrummer. Tilsæt honningen. Pisk æggeblommen med lidt vand og bland i blandingen, tilsæt lige nok ekstra vand til at lave en jævn dej. Pak ind i husholdningsfilm (klar film) og stil på køl i 30 minutter.

For at lave fyldet, skræl, udkern og skær de kogte æbler i skiver og lad dem simre med vandet, indtil de er bløde. Tilsæt 3 spiseskefulde / 45 ml honning, citronskal, smør eller margarine og kanel og kog uden låg, indtil det er reduceret til en puré. Lad afkøle.

Rul dejen ud på en let meldrysset overflade og beklæd en 20 cm / 8 tommer flanring. Hak det hele med en gaffel, dæk med vokspapir og fyld med bagebønner. Bages i en forvarmet ovn ved 200°C/400°F/gasmærke 6 i 10 minutter. Fjern papir og bønner. Reducer ovntemperaturen til 190°C / 375°F / gasmærke 5. Hæld æblemos i æsken. Udkern æbler for at spise uden at skrælle, og skær derefter i tynde skiver. Arranger i forsigtigt overlappende cirkler over puréen. Bages i den forvarmede ovn i 30 minutter, indtil æblerne er gennemstegte og let gyldne.

Kom den resterende honning i en gryde med citronsaft og varm forsigtigt op, indtil honningen er opløst. Hæld over kogt flan til glasering.

Æbletærte og hakket kød

Laver en 18 cm / 7 tommer kage

175 g / 6 oz mørdej

1 mellemstegt (tært) æble, skrællet, udkernet og revet

175 g / 6 oz / ½ kop hakket kød

150 ml / ¼ pt / 2/3 kop dobbelt creme (tung)

25 g / 1 oz / ¼ kop mandler, hakkede og ristede

Rul dejen (pastaen) ud og brug den til at beklæde en 18 cm flanring. Prik alt med en gaffel. Tilsæt æblet til hakket kød og fordel ud over bunden. Bages i en forvarmet ovn ved 200°C/400°F/gasmærke 6 i 15 minutter. Reducer ovntemperaturen til 160 °C / 325 °F / gasmærke 3 og bag i yderligere 10 minutter. Lad afkøle. Pisk fløden til den er stiv, fordel den derefter over toppen af flanen, drys med mandlerne og server med det samme.

www.ingramcontent.com/pod-product-compliance
Lightning Source LLC
Chambersburg PA
CBHW050346120526
44590CB00015B/1576